국가공인 한자자격시험 안내

● 한자자격시험은

낱글자 암기 능력 위주의 평가를 지양하고
우리 국어 생활에 필요한 한자어들의 활용 능력을 평가하여
한자공부로 一石多鳥의 효과를 누릴 수 있도록 구성된
국가공인기관에서 시행하는 시험입니다.

- 총 5,000자의 선정한자를 등급별로 선정 ▶ 체계있는 단계별 한자학습
- 초·중·고등학교 교과서 한자어 평가 ▶ 전 교과목 학습능력 향상
- 총 1,000여 단어의 직업별 전문용어 평가 ▶ 업무능력의 향상

● **시험일정**: 연간 4회(세부일정은 홈페이지 참조, www.hanja114.org, 전화 02-3406-9111

● 시험 요강

급수		공인급수				교양급수							
		사범	1급	2급	3급	준3급	4급	준4급	5급	준5급	6급	7급	8급
평가한자수	계	5,000자	3,500자	2,300자	1,800자	1,350자	900자	700자	450자	250자	170자	120자	50자
	선정한자	5,000자	3,500자	2,300자	1,300자	1,000자	700자	500자	300자	150자	70자	50자	30자
	교과서, 작업군별 실용한자어	단문, 한시 등	500단어	500단어	500자 (436단어)	350자 (305단어)	200자 (156단어)	200자 (139단어)	150자 (117단어)	100자 (62단어)	100자 (62단어)	70자 (43단어)	20자 (13단어)
문항수		200	150	100	100	100	100	100	100	100	80	50	50
합격기준		80점	70점	70점	70점	70점	70점	70점	70점	70점	70점	70점	70점
시험시간(분)		120	80	60	60	60	60	60	60	60	60	60	60

※교과서 한자어는 3급 이하 급수에서 출제되며, 쓰기문제는 출제되지 않습니다. ※직업군별 실용한자어는 1급과 2급에서 출제됩니다.

● 접수방법

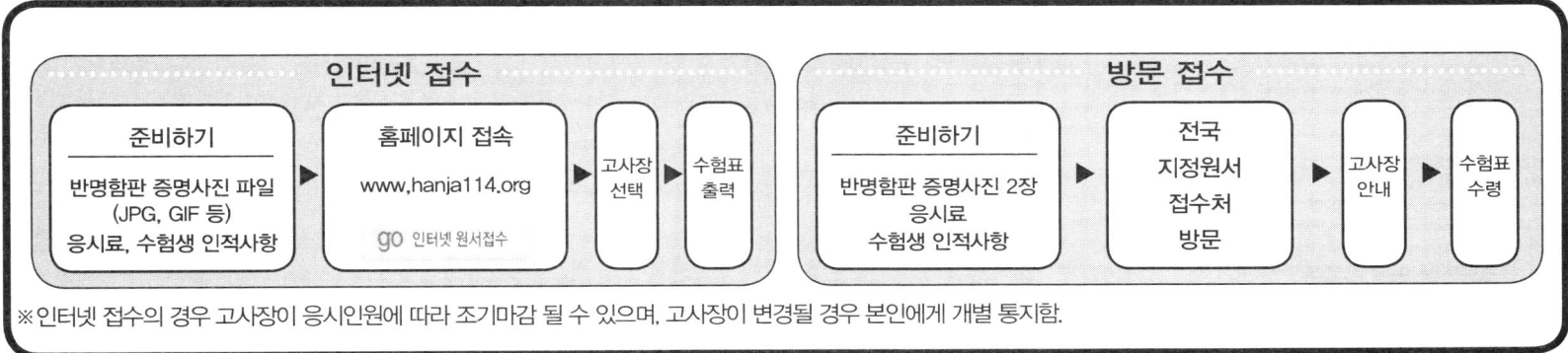

※인터넷 접수의 경우 고사장이 응시인원에 따라 조기마감 될 수 있으며, 고사장이 변경될 경우 본인에게 개별 통지함.

● 시험당일 준비 사항

▶ 수험표와 신분증 소지
▶ 필기구: 6급 이상 – 컴퓨터용 싸인펜, 검정볼펜, 수정테이프
　　　　　7급~8급 – 연필, 지우개
▶ 고사장 위치 사전 확인
▶ 시험시간 20분 전 입실 완료

추천교재 구입처

도서출판 **형 민 사**
전화: 02)736-7694
홈페이지: www.hanja114.com

사단법인 한자교육진흥회는?

- 한자교육 단체 중 국내 최초로 법인 인가(1990년 11월)/국가공인·자격관리 운영기관 지정(2004년 1월)
- 국내 유일의 공교육체계에 맞는 급수 편성
- 3급부터 사범급까지 전체 급수 공인취득 ➡ **국가공인 민간자격증은 자격기본법 제 23조 3항에 따라 국가자격을 취득한 자와 동등한 대우를 받음**
- 전역예정장교 직업훈련교육기관으로 지정된 단체
- 생활보호대상자(학교별 단체 특별시험에 한함–교장의 추천), 교도소재소자, 발달장애아 등에게 무료 응시케 하는 사회봉사 단체
- **해외 한인학교 한자교육 및 자격시험 지원 기관(인도네시아, 독일 등)**
- 공공기관이 주관·실시하는 한자경시대회 출제 및 채점 지원(양천구청장배 등)
- **※ 간송학술장학재단의 장학규정에 의거 초·중·고교생 중 사범 합격자에게는 장학증서 및 장학금 지급**

한자자격시험은 이렇게 출제하여 평가한다.

- 교육부선정 한문교육용 기초한자 1,800자와 대법원인명용한자, 전산용한자, 고문연구용한자 등 총 5,000자를 급수별로 선정하고, 초·중·고교의 교과서 한자어와 직업군별 실용한자어 등을 종합평가한다.
- **객관식 약 30%, 주관식 약 70%로 출제**하고 한자의 훈음, 독음, 상대어(반의어), 유의어, 부수, 고문의 이해 범위에서의 쓰기, 읽기, 해석하기, 문장구성 등 종합적 활용능력을 평가한다.
- 3급 이하에서 출지되는 교과서 한자어는 사용 빈도수가 높은 단어를 선정 평가함으로써 **어휘력, 논술력 향상과 교과서 한자어의 인지도를 높여 종합적 학습능력을 신장**시킨다.
- 2급, 1급에서는 직업군별 실용한자어를 평가함으로써 **직무능력의 향상**을 꾀한다.

자격증을 취득하면 어디에 활용하는가?

초·중·고교생	• 초·중·고교 학교 생활기록부 '자격증 및 인증 취득상황'란에 등재 (교육과학기술부 훈령 제719호 학교 생활기록 작성 및 관리지침 제10조)되며 진학 및 개인별 능력평가 시 반영

➡ '자격증 및 인증 취득상황'란 기재 예시

자격종목	급수	자격증번호	취득년월일	자격증발행기관
한자실력급수	3급	000-30-00000	2008.00.00.	(사)한자교육진흥회

- 국내 유수대학의 **입시에 우대** (각 대학의 입시요강 참고)
- 이화여자외국어고등학교, 김포외국어고등학교는 한자자격시험에 전원 응시케 해 자격증을 취득하고 있음

대학생·일반·직장인	• 한국방송통신대학교 중어중문학과에서 1급 이상의 자격을 취득한 자는 졸업논문 대체 인정

- 한국교육개발원의 학점인정기준에 따라 전국학점은행제 기관에 신청하면 **사범 5학점, 1급 3학점 인정**
- 전국경제인연합회 전임 강신호 회장이 타 단체와 크게 차별화 된 것을 높이 평가 전경련 회원사 (기업체)에 추천
  - ➡ 국정원, 삼성그룹, 한국무역협회, 동아제약, 우리은행 등 **수많은 기업신입사원 채용 시 가산점 부여, 면접활용**
  - ➡ 녹십자와 현대건설 등 다수의 기업에서는 협약을 맺어 전 사원에게 한자자격시험에 응시 인사고과에 반영
- 육군간부 및 군무원의 인사고과 반영
- 경기도 파주시청을 비롯한 국가기관에서 **공무원 직무능력 향상의 수단으로 한자 자격취득 권장**

한자자격시험 응시를 위한 준비는 어떻게 하나?

- **교재 활용하기**
  - ➡ 추천도서: 도서출판 **형민사** 발행 수험서
    - 한자자격시험(사범~8급, 총 12종)
    - 한자자격시험 연습문제집 (사범~8급, 총 12종)
    - 한자공부(1단계~5단계: 8급~5급 내용수록)
    - 쉽고 재미있게 익히는 한자공부 (초등학교용, 1단계~3단계): 서울시 교육감인정도서

- **인터넷 활용하기**
  - ➡ 한자교육진흥회 홈페이지의 **기출문제** 이용하기: www.hanja114.org ➡ 상단 메뉴바 기출문제 참고

국가공인 한자자격 취득의 길잡이
도서출판 형민사

대표전화: 02)736-7694
홈페이지: www.hanja114.com

[5급] 선정한자

ㄱ

各	각각	각
感	느낄	감
強	강할	강
開	열	개
去	갈	거
見	볼	견
犬	개	견
京	서울	경
計	셀	계
界	지경	계
苦	괴로울	고
高	높을	고
功	공	공
共	함께	공
科	과목	과
果	과실	과
光	빛	광
交	사귈	교
郡	고을	군
近	가까울	근
根	뿌리	근
急	급할	급

ㄴ/ㄷ

多	많을	다
短	짧을	단
當	마땅할	당
堂	집	당
對	대답할	대
圖	그림	도
度	법도	도
刀	칼	도
讀	읽을	독
冬	겨울	동
童	아이	동
頭	머리	두
等	무리	등

ㄹ

樂	즐거울	락
禮	예도	례
路	길	로
綠	푸를	록
理	다스릴	리
李	오얏	리
利	이로울	리

ㅁ

命	목숨	명
明	밝을	명
毛	털	모
無	없을	무
聞	들을	문
米	쌀	미
美	아름다울	미

ㅂ

朴	순박할	박
反	돌이킬	반
半	절반	반
發	필	발
放	놓을	방
番	차례	번
別	다를	별
病	병	병
步	걸음	보
服	옷	복
部	거느릴	부

ㅅ

死	죽을	사
書	글	서
席	자리	석
線	줄	선
省	살필	성
性	성품	성
成	이룰	성
消	사라질	소
速	빠를	속
孫	손자	손
樹	나무	수
首	머리	수
習	익힐	습
勝	이길	승

ㅋ / ㅌ / ㅍ

한자	뜻	음
太	클	태
通	통할	통
貝	조개	패
便	편할	편
表	겉	표
品	물건	품
風	바람	풍

ㅎ

한자	뜻	음
夏	여름	하
行	다닐	행
幸	다행	행
血	피	혈
形	모양	형
號	이름	호
話	말씀	화
花	꽃	화
和	화할	화
活	살	활
黃	누를	황
會	모일	회
後	뒤	후

한자	뜻	음
肉	고기	육
銀	은	은
飮	마실	음
音	소리	음
意	뜻	의

ㅈ

한자	뜻	음
者	놈	자
昨	어제	작
作	지을	작
章	글	장
在	있을	재
才	재주	재
田	밭	전
題	제목	제
第	차례	제
朝	아침	조
族	겨레	족
晝	낮	주
竹	대	죽
重	무거울	중
直	곧을	직

ㅊ

한자	뜻	음
窓	창문	창
清	맑을	청
體	몸	체
村	마을	촌
秋	가을	추
春	봄	춘
親	친할	친

한자	뜻	음
詩	글	시
示	보일	시
始	처음	시
式	법	식
神	귀신	신
身	몸	신
信	믿을	신
新	새로울	신
失	잃을	실

ㅇ

한자	뜻	음
愛	사랑	애
野	들	야
夜	밤	야
藥	약	약
弱	약할	약
陽	볕	양
洋	큰바다	양
魚	물고기	어
言	말씀	언
業	일	업
永	길	영
英	꽃부리	영
勇	날쌜	용
用	쓸	용
友	벗	우
運	움직일	운
遠	멀	원
原	언덕	원
元	으뜸	원
油	기름	유

[8급 ~ 준5급] 선정한자

8급
한자	훈	음
九	아홉	구
口	입	구
女	계집	녀
六	여섯	륙
母	어머니	모
木	나무	목
門	문	문
白	흰	백
父	아버지	부
四	넉	사
山	메	산
三	석	삼
上	위	상
小	작을	소
水	물	수
十	열	십
五	다섯	오
王	임금	왕
月	달	월
二	두	이
人	사람	인
日	날	일
一	한	일
子	아들	자
中	가운데	중
七	일곱	칠
土	흙	토
八	여덟	팔
下	아래	하
火	불	화

7급
한자	훈	음
江	강	강
工	장인	공
金	쇠	금
男	사내	남
力	힘	력
立	설	립
目	눈	목
百	일백	백
生	날	생
石	돌	석
手	손	수
心	마음	심
入	들	입
自	스스로	자
足	발	족
川	내	천
千	일천	천
天	하늘	천
出	날	출
兄	맏	형

6급
한자	훈	음
南	남녘	남
內	안	내
年	해	년
東	동녘	동
同	한가지	동
名	이름	명
文	글월	문
方	모	방
夫	지아비	부
北	북녘	북
西	서녘	서
夕	저녁	석
少	적을	소
外	바깥	외
正	바를	정
弟	아우	제
主	주인	주
靑	푸를	청
寸	마디	촌
向	향할	향

준5
한자	훈	음
歌	노래	가
家	집	가
間	사이	간
車	수레	거
巾	수건	건
古	예	고
空	빌	공
敎	가르칠	교
校	학교	교
國	나라	국
軍	군사	군
今	이제	금
記	기록할	기
氣	기운	기
己	몸	기
農	농사	농
答	대답	답
代	대신할	대
大	큰	대
道	길	도
洞	골	동
登	오를	등
來	올	래
老	늙을	로
里	마을	리
林	수풀	림
馬	말	마
萬	일만	만
末	끝	말
每	매양	매
面	낯	면
問	물을	문
物	물건	물
民	백성	민
本	근본	본
分	나눌	분
不	아니	불
士	선비	사
事	일	사
色	빛	색
先	먼저	선
姓	성씨	성
世	세상	세
所	바	소
時	때	시
市	저자	시
食	먹을	식
植	심을	식
室	집	실
安	편안할	안
羊	양	양
語	말씀	어
午	낮	오
玉	구슬	옥
牛	소	우
右	오른	우
位	자리	위
有	있을	유
育	기를	육
邑	고을	읍
衣	옷	의
耳	귀	이
字	글자	자
長	긴	장
場	마당	장
電	번개	전
前	앞	전
全	온전할	전
祖	할아비	조
左	왼	좌
住	살	주
地	땅	지
草	풀	초
平	평평할	평
學	배울	학
韓	나라이름	한
漢	한수	한
合	합할	합
海	바다	해
孝	효도	효
休	쉴	휴

[5 급] 교과서 한자어

가열	加熱	단정	端正	수출	輸出	종류	種類
가정	家庭	단체	團體	시조	時調	지구촌	地球村
각도	角度	대응	對應	악기	樂器	지진	地震
강수량	降水量	도체	導體	암석	巖石	지층	地層
건국	建國	독립	獨立	약속	約束	질서	秩序
결과	結果	면담	面談	여가	餘暇	참정권	參政權
경제	經濟	묘사	描寫	여운	餘韻	창의적	創意的
경험	經驗	문맥	文脈	여행	旅行	첨단	尖端
계산	計算	문화재	文化財	역사	歷史	초과	超過
계절	季節	미소	微笑	역할	役割	축척	縮尺
고유어	固有語	박람회	博覽會	연상	聯想	침엽수	針葉樹
곡선	曲線	반도체	半導體	오염	汚染	쾌적	快適
공경	恭敬	배경	背景	우주	宇宙	타협	妥協
공공	公共	분류	分類	원인	原因	태도	態度
공연	公演	분수	分數	위성	衛星	태양계	太陽系
공정	工程	분포	分布	육지	陸地	토의	討議
관광객	觀光客	비교	比較	이상	以上	통일	統一
관용표현	慣用表現	비례식	比例式	인상	印象	투자	投資
광고	廣告	비율	比率	자연	自然	투표	投票
구분	區分	사법부	司法府	자유	自由	편지	便紙
구애행동	求愛行動	사회	社會	장애	障碍	표준어	標準語
권리	權利	상상	想像	저금	貯金	합창	合唱
규칙	規則	생태계	生態系	적극적	積極的	해결	解決
극미세	極微細	선거	選擧	적응	適應	협동	協同
근거	根據	선택	選擇	전쟁	戰爭	확률	確率
근면	勤勉	설득	說得	전통	傳統	환경	環境
긍정	肯定	세금	稅金	전학	轉學	활엽수	闊葉樹
기온	氣溫	소극적	消極的	정보	情報		
기준	基準	속담	俗談	정치	政治		
단위	單位	수입	收入	존중	尊重		

한자실력급수 자격시험 5급 연습문제 〈1〉

객관식 (1~30번)

※ [ ] 안의 한자와 음(소리)이 같은 한자는?
1. [英] ① 永 ② 米 ③ 第 ④ 野
2. [章] ① 場 ② 強 ③ 反 ④ 詩
3. [示] ① 春 ② 市 ③ 功 ④ 前
4. [遠] ① 別 ② 果 ③ 幸 ④ 原
5. [樹] ① 陽 ② 科 ③ 水 ④ 李

※ [ ] 안의 한자의 뜻으로 알맞은 것은?
6. [刀] ① 안 ② 힘 ③ 칼 ④ 모
7. [田] ① 밖 ② 입 ③ 해 ④ 밭
8. [多] ① 많다 ② 저녁 ③ 바깥 ④ 이름

※ [ ] 안의 한자와 뜻이 비슷하거나 같은 한자는?
9. [海] ① 草 ② 洋 ③ 童 ④ 李
10. [對] ① 禮 ② 京 ③ 魚 ④ 答

※ [ ] 안의 한자와 뜻이 반대되거나 상대되는 한자는?
11. [去] ① 苦 ② 來 ③ 作 ④ 者
12. [朝] ① 夕 ② 半 ③ 毛 ④ 貝

※ 〈보기〉의 단어들과 가장 관련이 깊은 한자는?

13. | 〈보기〉 | 눈 | 얼음 | 추위 |
① 神 ② 在 ③ 冬 ④ 孫

14. | 〈보기〉 | 장미 | 백합 | 민들레 |
① 放 ② 步 ③ 死 ④ 花

15. | 〈보기〉 | 소 | 닭 | 돼지 |
① 肉 ② 服 ③ 席 ④ 美

※ [ ] 안의 한자어의 독음(소리)으로 알맞은 것은?
16. [經濟] ① 경륜 ② 경험 ③ 경제 ④ 경영
17. [公共] ① 공동 ② 공공 ③ 공상 ④ 공사
18. [解決] ① 척결 ② 해결 ③ 미결 ④ 각결
19. [餘韻] ① 여원 ② 여음 ③ 여운 ④ 여수
20. [確率] ① 확률 ② 비율 ③ 법률 ④ 자율

※ [ ] 안의 한자어의 뜻으로 알맞은 것은?
21. [導體]
① 일정한 범위에 흩어져 퍼짐.
② 음악을 연주하는 데 쓰는 기구.
③ 사물을 있는 그대로 그려냄.
④ 열이나 전기를 잘 전달하는 물체.
22. [陸地]
① 다니던 학교에서 다른 학교로 학적을 옮겨 가서 배움.
② 혼란 없이 순조롭게 이루어지게 하는 사물의 순서나 차례.
③ 문화 활동에 의하여 창조된 가치가 뛰어난 사물.
④ 지구에서 바다와 강 등 물이 있는 곳을 제외한 부분.
23. [態度]
① 어떤 문제에 대하여 검토하고 협의함.
② 몸의 동작이나 몸을 가누는 모양새.
③ 국가와 국가가 무력을 사용하여 싸움.
④ 그러하다고 생각하여 옳다고 인정함.
24. [快適]
① 몸과 마음에 알맞아 기분이 썩 좋음.
② 둘 이상의 사물을 서로 견주어 봄.
③ 일정한 수나 한도 따위를 넘음.
④ 아직 가시지 않고 남아 있는 운치.
25. [想像]
① 일이나 유람을 목적으로 다른 고장이나 다른 나라에 가는 일.
② 자갈, 모래, 진흙 따위가 지표나 물 밑에 퇴적하여 이룬 층.
③ 실제로 경험하지 않은 현상이나 사물에 대하여 마음속으로 그려 봄.
④ 자기가 마땅히 하여야 할 맡은 바 직책이나 임무.

※ [ ] 안에 들어갈 한자어로 알맞은 것은?
26. 그의 옷차림은 늘 [ ]하다.
① 端正 ② 說得 ③ 加熱 ④ 氣溫
27. 물건의 가격을 [ ]해 보고 구입했다.
① 投票 ② 宇宙 ③ 比較 ④ 障碍

28. 대화와 [   ]으로 문제를 해결해야 한다.
　　① 獨立　　② 妥協　　③ 以上　　④ 戰爭
29. 동화 속 인물의 [   ]을 나누어 맡아 봅시다.
　　① 印象　　② 季節　　③ 肯定　　④ 役割
30. 한옥은 용마루에서 처마 끝까지의 경사면이 위
　　로 치켜 올라가는 듯한 [   ]이 멋을 더해준다.
　　① 選擇　　② 建國　　③ 汚染　　④ 曲線

주관식 (31~100번)

※ 한자의 훈(뜻)과 음(소리)을 한글로 쓰시오.

31. 言　（　　　　　　）
32. 夏　（　　　　　　）
33. 行　（　　　　　　）
34. 後　（　　　　　　）
35. 短　（　　　　　　）
36. 式　（　　　　　　）
37. 高　（　　　　　　）
38. 郡　（　　　　　　）
39. 昨　（　　　　　　）
40. 血　（　　　　　　）

※ 훈과 음에 맞는 한자를 〈보기〉에서 찾아 쓰시오.

〈보기〉	成 各 番 近 朴 村 竹 始 號 習

41. 마을　　촌　（　　　　　）
42. 차례　　번　（　　　　　）
43. 순박할　박　（　　　　　）
44. 이름　　호　（　　　　　）
45. 이룰　　성　（　　　　　）
46. 대/대나무 죽　（　　　　　）
47. 처음　　시　（　　　　　）
48. 익힐　　습　（　　　　　）
49. 각각　　각　（　　　　　）
50. 가까울　근　（　　　　　）

※ 한자어의 독음을 한글로 쓰시오.

51. 當時　（　　　　　）
52. 重大　（　　　　　）
53. 母親　（　　　　　）
54. 話頭　（　　　　　）
55. 部下　（　　　　　）
56. 開發　（　　　　　）
57. 自身　（　　　　　）
58. 和合　（　　　　　）
59. 活力　（　　　　　）
60. 世界　（　　　　　）
61. 書堂　（　　　　　）
62. 題目　（　　　　　）
63. 東窓　（　　　　　）
64. 運命　（　　　　　）
65. 家業　（　　　　　）
66. 直感　（　　　　　）
67. 天才　（　　　　　）
68. 消失　（　　　　　）
69. 用品　（　　　　　）
70. 藥性　（　　　　　）

※ 〈보기〉의 뜻을 참고하여 〇안에 공통으로 들어갈
　한자를 쓰시오.

71. (1) 〇表　　(2) 〇形　　　（　　　　）

〈보기〉	(1) 그림으로 나타낸 표. (2) 그림의 모양이나 형태.

72. (1) 形〇　　(2) 〇安　　　（　　　　）

〈보기〉	(1) 일이 되어 가는 상태나 경로 또는 결과. (2) 편하고 걱정 없이 좋음.

73. (1) 後〇　　(2) 夜〇　　　（　　　　）

〈보기〉	(1) 사물을 더욱 빛나게 하는 배경을 비유 적으로 이르는 말. (2) 어둠 속에서 빛을 냄.

※ ○안에 공통으로 들어갈 한자를 〈보기〉에서 찾아 쓰시오.

〈보기〉	交　等　歌　路　族

74. ○手　校○　軍○　（　　　）
75. ○代　○通　親○　（　　　）
76. 民○　愛○　○長　（　　　）

※ 문장에서 잘못 쓴 한자를 바르게 고쳐 쓰시오. (단, 음이 같은 한자로 고칠 것)

77. 우리 집엔 매일 아침 信聞이 배달된다.
（　　→　　）
78. 어머니께서 손님에게 대접할 音食을 준비하셨다.　（　　→　　）

※ [ ]안의 단어를 한자로 쓰시오.

79. 그녀의 얼굴은 아직 [병색]을 띠고 있다.
（　　　）
80. 부모님 말씀을 잘 듣는 것이 자식의 [도리]이다.
（　　　）
81. 그 일은 [화급]을 다투어 처리하기보다는 다시 검토하는 것이 옳다.　（　　　）
82. 대회 개최에 앞서 국가 [원수]가 대표로 연설을 했다.　（　　　）
83. [약소]한 나라는 강대국에게 괴로움을 당하기 쉽다.　（　　　）

※ [ ]안의 한자어 독음을 한글로 쓰시오.

84. 그 그림은 인물 정밀[描寫]가 매우 뛰어나다.
（　　　）
85. 하나의 단어라도 [文脈]에 따라 다양한 의미를 가질 수 있다.　（　　　）
86. 한번 맺은 [約束]은 꼭 지켜야 한다.
（　　　）
87. 형은 용돈을 받으면 꼬박꼬박 [貯金]을 한다.
（　　　）

88. 언제나 어른을 [恭敬]해야 한다.
（　　　）
89. 계절과 관련된 [俗談]을 찾아보았다.
（　　　）
90. 소나무를 [背景]으로 사진을 찍었다.
（　　　）
91. 인터넷을 통해 다양한 [情報]를 접할 수 있다.
（　　　）
92. 달은 지구 주위를 도는 [衛星]이다.
（　　　）
93. 우리는 옳고 그른 일들을 [區分]할 줄 알아야 한다.　（　　　）
94. 우리나라에서 만든 제품들이 세계로 [輸出]되고 있다.　（　　　）
95. 사람은 누구나 똑같이 존중받을 [權利]를 가지고 있다.　（　　　）
96. 리듬 [樂器]에는 북, 탬버린 등이 있다.
（　　　）
97. 독일은 베를린 장벽을 무너뜨리고 [統一]을 이룩하였다.　（　　　）
98. 나는 [勤勉]을 삶의 지표로 삼고 있다.
（　　　）

※ 한자성어의 설명을 읽고 ○안에 들어갈 한자를 쓰시오.

99. ○事○平　（　　,　　）
[무사태평] 아무런 탈 없이 편안함.

100. ○○明月　（　　,　　）
[청풍명월] 맑은 바람과 밝은 달.

- 수고하셨습니다 -

한자실력급수 자격시험 5급 연습문제 〈2〉

객관식 (1~30번)

※ [ ] 안의 한자와 음(소리)이 같은 한자는?
1. [刀] ① 夏 ② 直 ③ 秋 ④ 度
2. [高] ① 弱 ② 苦 ③ 者 ④ 京
3. [利] ① 花 ② 朴 ③ 李 ④ 綠
4. [題] ① 近 ② 黃 ③ 急 ④ 第
5. [性] ① 成 ② 速 ③ 強 ④ 運

※ [ ] 안의 한자의 뜻으로 알맞은 것은?
6. [樹] ① 나무 ② 마을 ③ 뿌리 ④ 오얏
7. [意] ① 땅 ② 끝 ③ 밖 ④ 뜻
8. [油] ① 겨울 ② 바다 ③ 기름 ④ 걸음

※ [ ] 안의 한자와 뜻이 비슷하거나 같은 한자는?
9. [物] ① 號 ② 品 ③ 孫 ④ 別
10. [堂] ① 室 ② 淸 ③ 友 ④ 消

※ [ ] 안의 한자와 뜻이 반대되거나 상대되는 한자는?
11. [前] ① 童 ② 後 ③ 銀 ④ 才
12. [死] ① 晝 ② 表 ③ 生 ④ 服

※ 〈보기〉의 단어들과 가장 관련이 깊은 한자는?
13.

〈보기〉	멍멍이	삽사리	누렁이

① 朝 ② 勝 ③ 詩 ④ 犬
14.

〈보기〉	찜닭	삼겹살	스테이크

① 樂 ② 肉 ③ 番 ④ 重
15.

〈보기〉	달	태양	전등

① 章 ② 通 ③ 明 ④ 和

※ [ ] 안의 한자어의 독음(소리)으로 알맞은 것은?
16. [根據] ① 근수 ② 근면 ③ 근택 ④ 근거
17. [描寫] ① 묘사 ② 정사 ③ 역사 ④ 구사
18. [障碍] ① 당애 ② 편애 ③ 미애 ④ 장애
19. [宇宙] ① 우선 ② 우유 ③ 우주 ④ 우당
20. [公演] ① 공연 ② 공공 ③ 공인 ④ 공동

※ [ ] 안의 한자어의 뜻으로 알맞은 것은?
21. [規則]
① 어떤 대상에 대하여 마음속에 새겨지는 느낌.
② 여러 사람이 다 같이 지키기로 작정한 법칙.
③ 제기된 문제를 해명하거나 얽힌 일을 잘 처리함.
④ 안부, 소식, 용무 따위를 적어 보내는 글.
22. [環境]
① 자갈·모래·진흙·생물체 따위가 지표나 물 밑에 쌓여 이룬 층.
② 실제로 경험하지 않은 현상이나 사물에 대하여 마음속으로 그려 봄.
③ 어떤 일을 행하거나 다른 사람에 대하여 당연히 요구할 수 있는 힘이나 자격.
④ 생물에게 직접·간접으로 영향을 주는 자연적 조건이나 사회적 상황.
23. [氣溫]
① 일정한 수나 한도 따위를 넘음.
② 대기의 온도.
③ 어떤 일의 결과로 얻은 이익.
④ 어떤 물질에 열을 가함.
24. [快適]
① 여럿을 몰아서 하나로 만듦.
② 다른 수나 양에 대한 어떤 수나 양의 비.
③ 기분이 상쾌하고 즐거움.
④ 어떤 일을 서로 양보하여 협의함.
25. [俗談]
① 예로부터 민간에 전하여 오는 격언. 속된 이야기.
② 자기가 마땅히 해야 할 맡은 바 직책이나 임무.
③ 한 점에서 갈리어 나간 두 직선의 벌어진 정도.
④ 국내의 상품이나 기술을 외국으로 팔아 내보냄.

※ [ ] 안에 들어갈 한자어로 알맞은 것은?
26. 삼촌은 [ ]의 절반을 저축하고 있다.
① 恭敬 ② 收入 ③ 建國 ④ 家庭
27. 이 사진은 [ ]이 정말 아름답다.
① 獨立 ② 解決 ③ 選擇 ④ 背景
28. 이 게임에서 우리 편이 이길 [ ]이 높다.
① 加熱 ② 輸出 ③ 確率 ④ 傳統
29. 한자실력급수시험 응시 [ ]가 오늘 나온다.
① 結果 ② 比較 ③ 微笑 ④ 餘暇

30. 이번 여행은 많은 [　]을 쌓게 해주었다.
　　① 經驗　② 妥協　③ 衛星　④ 汚染

주관식 (31~100번)

※ 한자의 훈(뜻)과 음(소리)을 한글로 쓰시오.

31. 圖　（　　　　）
32. 席　（　　　　）
33. 放　（　　　　）
34. 始　（　　　　）
35. 步　（　　　　）
36. 讀　（　　　　）
37. 郡　（　　　　）
38. 英　（　　　　）
39. 貝　（　　　　）
40. 式　（　　　　）

※ 훈과 음에 맞는 한자를 〈보기〉에서 찾아 쓰시오.

〈보기〉	米 示 在 各 命 病 魚 習 神 昨

41. 귀신　신　（　　　）
42. 쌀　　미　（　　　）
43. 어제　작　（　　　）
44. 보일　시　（　　　）
45. 병　　병　（　　　）
46. 물고기　어　（　　　）
47. 익힐　습　（　　　）
48. 각각　각　（　　　）
49. 있을　재　（　　　）
50. 목숨　명　（　　　）

※ 한자어의 독음을 한글로 쓰시오.

51. 路線　（　　　　）
52. 去年　（　　　　）
53. 野合　（　　　　）
54. 藥水　（　　　　）
55. 共感　（　　　　）
56. 學業　（　　　　）
57. 功名　（　　　　）
58. 遠大　（　　　　）
59. 先親　（　　　　）
60. 開門　（　　　　）
61. 原理　（　　　　）
62. 失手　（　　　　）
63. 勇士　（　　　　）
64. 平等　（　　　　）
65. 血族　（　　　　）
66. 同窓　（　　　　）
67. 發足　（　　　　）
68. 美男　（　　　　）
69. 對答　（　　　　）
70. 夜食　（　　　　）

※ 〈보기〉의 뜻을 참고하여 ○안에 공통으로 들어갈 한자를 쓰시오.

71. (1) 當○　(2) ○長　（　　　）

〈보기〉	(1) 듣는 이를 가리키는 이인칭 대명사. (2) 발바닥에서 머리 끝에 이르는 몸의 길이.

72. (1) 活○　(2) ○語　（　　　）

〈보기〉	(1) 충분히 잘 이용함. (2) 일정한 분야에서 주로 사용하는 말.

73. (1) 地○　(2) ○便　（　　　）

〈보기〉	(1) 땅의 생긴 모양이나 형세. (2) 일이 되어 가는 상태나 경로 또는 결과.

※ ○안에 공통으로 들어갈 한자를 〈보기〉에서 찾아 쓰시오.

〈보기〉	首　聞　愛　洋　頭

74. 元○　自○　○弟子　（　　　）
75. ○巾　○部　話○　（　　　）
76. 見○　所○　新○　（　　　）

※ 문장에서 잘못 쓴 한자를 바르게 고쳐 쓰시오. (단, 음이 같은 한자로 고칠 것)

77. 오늘 아침 친구와 다툰 것에 대해 깊이 半省했다. (→)

78. 건물에 불이 났지만 다친 사람이 없었다니 多行이다. (→)

※ [ ]안의 단어를 한자로 쓰시오.

79. [양모] 이불을 덮으니 포근했다.
( )

80. 인적이 드문 [산촌]에 산새 소리가 울려 퍼졌다.
( )

81. 그 과학자는 [외계]의 행성들을 연구하고 있다.
( )

82. 'ㄱ, ㄴ, ㄷ, ㄹ …' 등의 [자음]은 모음과는 달리 혀나 입술이 입 안의 여기저기에 닿아서 나는 소리이므로 '닿소리'라고도 한다. ( )

83. 내가 보낸 [서신]은 열흘이 지나서야 할머니께 전달되었다. ( )

※ [ ]안의 한자어 독음을 한글로 쓰시오.

84. 사람과 사람이 만날 때는 첫 [印象]이 중요하다. ( )

85. 나보다 남을 더 배려하는 [社會]로 만들어 가야 한다. ( )

86. 이 지도의 [縮尺]은 1:50,000이다.
( )

87. 새 학기부터 꾸준히 공부하여 기대 [以上]의 성적을 받았다. ( )

88. 식물을 형태에 따라 몇 가지로 [分類]할 수 있다. ( )

89. 운전면허 자격 취득 [基準]이 강화되었다.
( )

90. 시대가 변하면서 남녀의 [役割]이나 활동 영역도 다양하게 변하고 있다. ( )

91. 제조[工程]에서 발생하는 불량품의 비율을 크게 줄이는 데 성공했다. ( )

92. 이 기계는 [尖端] 기술로 만들어졌다.
( )

93. 별을 보고 [聯想]되는 것을 적어보라고 하면 사람마다 다르다. ( )

94. [稅金]은 국가 재정의 바탕이 되는 재원이다.
( )

95. 국내 연구진이 [極微細] 먼지를 제거할 수 있는 제품을 개발했다. ( )

96. 삶이 힘겹더라도 [肯定]적인 눈으로 세상을 바라보자. ( )

97. [太陽系]에는 많은 행성들이 공존하고 있다.
( )

98. 길을 헤매는 [觀光客]에게 다가가 목적지까지 길 안내를 해주었다. ( )

※ 한자성어의 설명을 읽고 ○안에 들어갈 한자를 쓰시오.

99. 三○六○ (,)

[삼십육계] 서른여섯 가지의 꾀. 또는 '삼십육계'라는 병법 가운데 중 마지막 계책인 '뺑소니'를 비유적으로 이르는 말.

100. 四面○○ (,)

[사면춘풍] 누구에게나 봄바람처럼 따스하게 잘 대해줌. 또는 그런 사람.

- 수고하셨습니다 -

5급 연습문제 〈 2 〉

한자실력급수 자격시험 5급 연습문제 〈3〉

객관식 (1~30번)

※ [　] 안의 한자와 음(소리)이 같은 한자는?
1. [代] ① 性 ② 對 ③ 言 ④ 李
2. [堂] ① 者 ② 神 ③ 習 ④ 當
3. [式] ① 植 ② 黃 ③ 感 ④ 肉
4. [死] ① 意 ② 光 ③ 事 ④ 見
5. [元] ① 等 ② 遠 ③ 始 ④ 部

※ [　] 안의 한자의 뜻으로 알맞은 것은?
6. [身] ① 솜 ② 곰 ③ 봄 ④ 몸
7. [明] ① 밝다 ② 멀다 ③ 있다 ④ 짓다
8. [藥] ① 공 ② 약 ③ 몸 ④ 병

※ [　] 안의 한자와 뜻이 비슷하거나 같은 한자는?
9. [道] ① 樂 ② 貝 ③ 路 ④ 夏
10. [根] ① 新 ② 郡 ③ 族 ④ 本

※ [　] 안의 한자와 뜻이 반대되거나 상대되는 한자는?
11. [有] ① 竹 ② 京 ③ 無 ④ 界
12. [晝] ① 夜 ② 美 ③ 永 ④ 題

※ 〈보기〉의 단어들과 가장 관련이 깊은 한자는?

13. | 〈보기〉 | 뇌 | 모자 | 베개 |
    ① 勇 ② 頭 ③ 銀 ④ 孫

14. | 〈보기〉 | 붓 | 양 | 면도 |
    ① 魚 ② 理 ③ 毛 ④ 窓

15. | 〈보기〉 | 산 | 풀잎 | 엽록소 |
    ① 近 ② 綠 ③ 弱 ④ 禮

※ [　] 안의 한자어의 독음(소리)으로 알맞은 것은?
16. [投資] ① 투패 ② 투표 ③ 투석 ④ 투자
17. [樂器] ① 악기 ② 식기 ③ 음기 ④ 백기
18. [微笑] ① 미약 ② 미소 ③ 미지 ④ 미세
19. [時調] ① 시간 ② 시주 ③ 시조 ④ 시차
20. [印象] ① 인상 ② 연상 ③ 상상 ④ 신상

※ [　] 안의 한자어의 뜻으로 알맞은 것은?
21. [自然]
  ① 몸의 동작이나 몸을 가누는 모양새.
  ② 어떤 일을 서로 양보하여 협의함.
  ③ 일정한 수나 한도 따위를 넘음.
  ④ 사람의 손에 의하지 않고 있는 그대로의 상태.
22. [便紙]
  ① 둘 이상의 것에서 마음에 드는 것을 골라 뽑음.
  ② 지도에서의 거리와 지표에서 실제 거리와의 비율.
  ③ 상대편에게 전하고 싶은 일 등을 적어 보내는 글.
  ④ 제기된 문제를 해명하거나 얽힌 일을 잘 처리함.
23. [秩序]
  ① 사물의 순서나 차례.
  ② 남의 힘을 입지 않고 홀로 섬.
  ③ 같은 무리끼리 모여 이루는 집단.
  ④ 높이어 귀중하게 대함.
24. [公演]
  ① 비슷한 온도와 습도를 가지고 펴져 있는 공기의 덩어리.
  ② 음악, 무용, 연극 등을 많은 사람 앞에서 보이는 일.
  ③ 높이가 다른 둘 이상의 음이 함께 울릴 때 어울리는 소리.
  ④ 무한한 시간과 만물을 포함하고 있는 끝없는 공간의 총체.
25. [分類]
  ① 모나지 아니하고 부드럽게 굽은 선.
  ② 돈이나 물품 따위를 거두어들임.
  ③ 일이 진척되는 과정이나 정도.
  ④ 종류에 따라서 가름.

※ [　] 안에 들어갈 한자어로 알맞은 것은?
26. 민주주의 사회에서는 소수의 의견도 [　]한다.
  ① 工程 ② 適應 ③ 尊重 ④ 獨立
27. 우리는 동물원에서 [　]사진을 찍었다.
  ① 團體 ② 角度 ③ 歷史 ④ 陸地

28. 같은 그림을 보아도 사람마다 각기 다른 [   ]
을/를 할 수 있다.
　① 說得　② 聯想　③ 社會　④ 旅行
29. 국민은 국가에 [   ]을 내야 할 의무가 있다.
　① 汚染　② 巖石　③ 基準　④ 稅金
30. 상가에서 [   ]을 알 수 없는 화재가 발생하였다.
　① 規則　② 加熱　③ 收入　④ 原因

주관식 (31~100번)

※ 한자의 훈(뜻)과 음(소리)을 한글로 쓰시오.
31. 多　　（　　　　　　）
32. 花　　（　　　　　　）
33. 失　　（　　　　　　）
34. 各　　（　　　　　　）
35. 別　　（　　　　　　）
36. 半　　（　　　　　　）
37. 病　　（　　　　　　）
38. 勝　　（　　　　　　）
39. 後　　（　　　　　　）
40. 計　　（　　　　　　）

※ 훈과 음에 맞는 한자를 〈보기〉에서 찾아 쓰시오.

〈보기〉	血 友 春 章 圖 聞 朝 陽 強 村

41. 들을　　문　（　　　　　　）
42. 아침　　조　（　　　　　　）
43. 벗　　　우　（　　　　　　）
44. 그림　　도　（　　　　　　）
45. 강할　　강　（　　　　　　）
46. 봄　　　춘　（　　　　　　）
47. 글　　　장　（　　　　　　）
48. 볕　　　양　（　　　　　　）
49. 피　　　혈　（　　　　　　）
50. 마을　　촌　（　　　　　　）

※ 한자어의 독음을 한글로 쓰시오.
51. 科目　　（　　　　　　）
52. 形色　　（　　　　　　）
53. 油田　　（　　　　　　）
54. 共同　　（　　　　　　）
55. 童話　　（　　　　　　）
56. 秋夕　　（　　　　　　）
57. 昨今　　（　　　　　　）
58. 反省　　（　　　　　　）
59. 飮用水　（　　　　　　）
60. 和音　　（　　　　　　）
61. 英才　　（　　　　　　）
62. 親書　　（　　　　　　）
63. 火急　　（　　　　　　）
64. 愛人　　（　　　　　　）
65. 第一　　（　　　　　　）
66. 樹木　　（　　　　　　）
67. 內功　　（　　　　　　）
68. 首席　　（　　　　　　）
69. 淸風　　（　　　　　　）
70. 通運　　（　　　　　　）

※ 〈보기〉의 뜻을 참고하여 〇안에 공통으로 들어갈
　한자를 쓰시오.

71. (1) 〇學　　(2) 〇心　　　　（　　　　　　）

〈보기〉	(1) 일정 기간 동안 수업을 쉬는 일. (2) 마음을 다잡지 아니하고 풀어 놓아 버림.

72. (1) 短〇　　(2) 面〇　　　　（　　　　　　）

〈보기〉	(1) 날이 한쪽에만 서 있는 짧은 칼. (2) 얼굴이나 몸에 난 수염이나 잔털을 깎음.

73. (1) 高〇　　(2) 〇力　　　　（　　　　　　）

〈보기〉	(1) 매우 빠른 속도 (2) 속도의 크기. 또는 속도를 이루는 힘.

※ ○안에 공통으로 들어갈 한자를 〈보기〉에서 찾아 쓰시오.

〈보기〉	用 洋 朴 野 線

74. 信○　活○　作○　(　　　)
75. 東○　西○　海○　(　　　)
76. 直○　車○　五○　(　　　)

※ 문장에서 잘못 쓴 한자를 바르게 고쳐 쓰시오. (단, 음이 같은 한자로 고칠 것)

77. 電己가 통하는 물질에는 어떤 것이 있는지 알아보았다. (　　→　　)
78. 오늘은 우리 학교의 開交 기념일이다. (　　→　　)

※ [　]안의 단어를 한자로 쓰시오.

79. [불행]하게도 이 고분 벽화는 일부분만 남아 있다. (　　　)
80. 이번 마라톤은 하늘 공원에서 [출발]하여 감골 마을의 감나무 언덕까지 달리는 경기이다. (　　　)
81. 지도에는 축척과 방위가 [표시]되어 있다. (　　　)
82. 이 편지 봉투에는 받는 사람의 [번지]가 적혀 있지 않습니다. (　　　)
83. 여러 가지 [식품]을 골고루 섭취하자. (　　　)

※ [　]안의 한자어 독음을 한글로 쓰시오.

84. 다음 주에 친구와 만나기로 [約束]하였다. (　　　)
85. 우리 집은 2년 [單位]로 정수기 사용 계약을 하고 있다. (　　　)
86. 남과 [比較]하고 경쟁만 해서는 진정한 행복을 찾기 어렵다. (　　　)
87. 모든 국민은 인간다운 생활을 할 [權利]가 있다. (　　　)

88. [肯定]적인 눈으로 세상을 바라보면 반드시 좋은 일이 생길 것이다. (　　　)
89. 국가대표팀의 승리는 피나는 노력의 [結果]이다. (　　　)
90. 학자들은 이상적인 [政治] 제도에 대해 열띤 토론을 벌였다. (　　　)
91. 승차 인원이 정원을 [超過]하였다. (　　　)
92. 요즘 가옥 구조는 거실과 주방이 [區分]되지 않는다. (　　　)
93. 동물과 관련된 [俗談]과 격언을 모아보았다. (　　　)
94. 중국의 화남 지방은 [季節]에 관계없이 1년에 이모작을 할 수 있다. (　　　)
95. 그는 그림을 그릴 때, 인물을 정밀하게 [描寫]하는 실력이 매우 뛰어나다. (　　　)
96. 유럽 여행 중 우연히 독일인 [家庭]에 초대받았다. (　　　)
97. 어린이회장을 뽑는 [選擧]가 내일로 다가왔다. (　　　)
98. 무분별한 개발로 [生態系]가 파괴되고 있다. (　　　)

※ 한자성어의 설명을 읽고 ○안에 들어갈 한자를 쓰시오.

99. 七○○詩　(　　,　　)

[칠보성시] 일곱 걸음 만에 시 한 수를 짓는다는 뜻으로, 시를 빨리 잘 짓는 재주를 이르는 말.

100. 上○下○　(　　,　　)

[상명하복] 위에서 명령하면 아래에서는 복종함.

- 수고하셨습니다 -

한자실력급수 자격시험 5급 연습문제 〈4〉

객관식 (1~30번)

※ [ ] 안의 한자와 음(소리)이 같은 한자는?
1. [計] ① 禮 ② 永 ③ 界 ④ 死
2. [野] ① 夜 ② 消 ③ 音 ④ 貝
3. [部] ① 村 ② 郡 ③ 夫 ④ 題
4. [對] ① 便 ② 命 ③ 族 ④ 大
5. [魚] ① 圖 ② 語 ③ 放 ④ 式

※ [ ] 안의 한자의 뜻으로 알맞은 것은?
6. [首] ① 다리 ② 꼬리 ③ 머리 ④ 허리
7. [去] ① 가다 ② 오다 ③ 잃다 ④ 높다
8. [堂] ① 쌀 ② 집 ③ 털 ④ 길

※ [ ] 안의 한자와 뜻이 비슷하거나 같은 한자는?
9. [共] ① 勝 ② 樂 ③ 犬 ④ 同
10. [生] ① 活 ② 銀 ③ 示 ④ 直

※ [ ] 안의 한자와 뜻이 반대되거나 상대되는 한자는?
11. [強] ① 竹 ② 淸 ③ 油 ④ 弱
12. [始] ① 肉 ② 末 ③ 飮 ④ 孫

※ 〈보기〉의 단어들과 가장 관련이 깊은 한자는?
13.

〈보기〉	붓	깃털	스웨터

① 等 ② 第 ③ 毛 ④ 後

14.

〈보기〉	은행	벚꽃	단풍

① 品 ② 冬 ③ 樹 ④ 者

15.

〈보기〉	배	사과	복숭아

① 果 ② 愛 ③ 洋 ④ 友

※ [ ] 안의 한자어의 독음(소리)으로 알맞은 것은?
16. [角度] ① 고도 ② 각도 ③ 적도 ④ 태도
17. [縮尺] ① 축소 ② 축적 ③ 축약 ④ 축척
18. [肯定] ① 고정 ② 지정 ③ 긍정 ④ 인정
19. [尖端] ① 첨단 ② 기단 ③ 대단 ④ 소단
20. [巖石] ① 화석 ② 암석 ③ 투석 ④ 정석

※ [ ] 안의 한자어의 뜻으로 알맞은 것은?
21. [政治]
① 열매를 맺음. 어떤 원인으로 결말이 생김.
② 사물을 있는 그대로 그려 냄.
③ 일정한 수나 한도 따위를 넘음.
④ 국가의 주권자가 그 영토 및 국민을 통치함.
22. [根據]
① 어떤 일이나 의견의 이유나 바탕이 되는 것.
② 물에 덮이지 않은 지구 표면.
③ 더 이상의 양을 수용할 수 없이 가득 참.
④ 아직 가시지 않고 남아 있는 운치.
23. [公演]
① 하나의 관념이 다른 관념을 불러일으키는 현상.
② 음악, 무용, 연극 등을 많은 사람 앞에서 보이는 일.
③ 말의 뜻을 구별하여 주는 소리의 가장 작은 단위.
④ 자기가 마땅히 하여야 할 맡은 바 직책이나 임무.
24. [自由]
① 국민이 국가정책에 직접 또는 간접으로 참여
 하는 권리.
② 인간이 공동생활을 하는 데에 필요한 재화를
 획득, 이용하는 활동을 함.
③ 남을 대할 때 몸가짐을 예의 바르게 하고 겸
 손함.
④ 남에게 구속을 받거나 무엇에 얽매이지 않고
 자기 마음대로 행동함.
25. [障碍]
① 저절로 그렇게 되는 모양. 사람의 힘을 더하지
 않은 천연 그대로의 상태.
② 다른 사람과 앞으로의 일을 어떻게 할 것인가
 를 미리 정하여 둠.
③ 신체기관이 본래의 제 기능을 하지 못하거나
 정신 능력에 결함이 있는 상태.
④ 상대편이 이쪽 편의 이야기를 따르도록 여러
 가지로 깨우쳐 말함.

※ [ ] 안에 들어갈 한자어로 알맞은 것은?
26. 그는 민간인 최초로 [ ]에 위성을 쏘아 올렸다.
 ① 餘暇 ② 權利 ③ 說得 ④ 宇宙
27. 상품의 과장 [ ]에 속지 않도록 주의해야 한다.
 ① 投資 ② 單位 ③ 廣告 ④ 社會

14   5급 연습문제 〈 4 〉

28. 한자 선생님은 매사에 성실하고 [ ]하시다.
   ① 勤勉 ② 聯想 ③ 傳統 ④ 背景
29. 갑자기 [ ]이 영하로 뚝 떨어졌다.
   ① 原因 ② 氣溫 ③ 規則 ④ 環境
30. 부모님과 상담을 한 후 고민이 [ ]되었다.
   ① 選擇 ② 解決 ③ 妥協 ④ 基準

주관식 (31~100번)

※ 한자의 훈(뜻)과 음(소리)을 한글로 쓰시오.
31. 田   (   )
32. 書   (   )
33. 急   (   )
34. 明   (   )
35. 感   (   )
36. 發   (   )
37. 勇   (   )
38. 美   (   )
39. 黃   (   )
40. 章   (   )

※ 훈과 음에 맞는 한자를 〈보기〉에서 찾아 쓰시오.

〈보기〉	在 京 幸 用 夏 表 番 晝 習 神

41. 차례   번   (   )
42. 서울   경   (   )
43. 낮   주   (   )
44. 다행   행   (   )
45. 익힐   습   (   )
46. 겉   표   (   )
47. 있을   재   (   )
48. 귀신   신   (   )
49. 쓸   용   (   )
50. 여름   하   (   )

※ 한자어의 독음을 한글로 쓰시오.
51. 頭巾   (   )
52. 元老   (   )
53. 短刀   (   )
54. 藥理   (   )
55. 窓門   (   )
56. 工業   (   )
57. 形體   (   )
58. 白米   (   )
59. 百科   (   )
60. 出席   (   )
61. 失足   (   )
62. 意見   (   )
63. 無病   (   )
64. 衣服   (   )
65. 各別   (   )
66. 昨年   (   )
67. 親交   (   )
68. 成功   (   )
69. 運身   (   )
70. 高遠   (   )

※ 〈보기〉의 뜻을 참고하여 ○안에 공통으로 들어갈 한자를 쓰시오.

71. (1) 太○   (2) ○地   (   )

〈보기〉	(1) 태양계의 중심이 되는 항성. (2) 볕이 바로 드는 곳.

72. (1) 道○   (2) 水○   (   )

〈보기〉	(1) 사람, 차 따위가 다닐 수 있도록 만든 길. (2) 물이 흐르거나 물을 보내는 통로.

73. (1) 天○   (2) 英○   (   )

〈보기〉	(1) 선천적으로 타고난, 남보다 훨씬 뛰어난 재주. 또는 그런 재능을 가진 사람. (2) 뛰어난 재주. 또는 그런 사람.

※ ○안에 공통으로 들어갈 한자를 〈보기〉에서 찾아 쓰시오.

〈보기〉	苦	風	信	行	性

74. ○方   步○   言○   (   )

75. ○向   ○車   ○速   (   )

76. 通○   ○號   不○   (   )

※ 문장에서 잘못 쓴 한자를 바르게 고쳐 쓰시오. (단, 음이 같은 한자로 고칠 것)

77. 엄마가 아이에게 童和를 들려 주었다.
(→   )

78. 우리 팀은 前反의 실수를 만회하기 위해 더욱 열심히 뛰었다.   (→   )

※ [   ]안의 단어를 한자로 쓰시오.

79. 아버지는 소설가이자 [시인]이시다.
(   )

80. 멀리서 밀려오는 해일을 발견하고 [당장] 그곳을 벗어나야 했다.   (   )

81. 그 작가의 [신작] 소설이 드디어 출간되었다.
(   )

82. 날씨가 서늘해져서 [춘추]복으로 갈아입었다.
(   )

83. 책을 가장 많이 읽은 짝꿍이 [다독]상을 받았다.
(   )

※ [   ]안의 한자어 독음을 한글로 쓰시오.

84. 목성은 현재 육십 개 이상의 [衛星]이 주위를 돌고 있다고 알려져 있다.   (   )

85. 공공장소에서는 [秩序]를 지켜야한다.
(   )

86. 이번 시험은 객관식 30%, 단답형 40%, 서술형 30%의 [比率]로 출제되었다. (   )

87. 여행 경비가 예상했던 것보다 많이 [超過]되었다.   (   )

88. 오늘 수학시간에 [分數]와 소수를 배웠다.
(   )

89. 붓을 이용해 다양한 [曲線]을 그려보았다.
(   )

90. 부모님을 [恭敬]하는 것은 도의적 의무라고 할 수 있다.   (   )

91. 이 글은 [文脈]이 닿지 않아 이해하기가 쉽지 않다.   (   )

92. 민주시민사회는 인간[尊重]을 기본으로 한다.
(   )

93. 우리나라는 개인의 재산을 인정하고 자유로운 [經濟]활동을 보장한다.   (   )

94. 짐승 고기는 가급적 [加熱]하여 익혀 먹는 것이 좋다.   (   )

95. 어머니는 곤히 잠든 아기의 얼굴을 보고 온화한 [微笑]를 지었다.   (   )

96. 선생님께서 학생과 [面談]하신다.
(   )

97. 한자를 알면 [歷史] 공부에 많은 도움이 된다.
(   )

98. 새로 사귄 친구들이 도와준 덕분에 새로운 환경에서 잘 [適應]할 수 있었다. (   )

※ 한자성어의 설명을 읽고 ○안에 들어갈 한자를 쓰시오.

99. ○○月夕   (,   )

[화조월석] 꽃 피는 아침과 달 밝은 밤이라는 뜻으로, 경치가 좋은 시절을 이르는 말.

100. 草○同○   (,   )

[초록동색] 풀빛과 녹색은 같은 빛깔이란 뜻으로, 같은 처지의 사람과 어울리거나 기우는 것.

– 수고하셨습니다 –

한자실력급수 자격시험 5급 연습문제 〈5〉

객관식 (1~30번)

※ [ ] 안의 한자와 음(소리)이 같은 한자는?
1. [消] ① 理 ② 冬 ③ 禮 ④ 少
2. [反] ① 淸 ② 竹 ③ 半 ④ 藥
3. [共] ① 在 ② 意 ③ 感 ④ 功
4. [夏] ① 成 ② 下 ③ 身 ④ 村
5. [刀] ① 度 ② 魚 ③ 習 ④ 神

※ [ ] 안의 한자의 뜻으로 알맞은 것은?
6. [步] ① 다리 ② 절반 ③ 걸음 ④ 처음
7. [席] ① 귀신 ② 자리 ③ 고기 ④ 사랑
8. [京] ① 차례 ② 여름 ③ 열매 ④ 서울

※ [ ] 안의 한자와 뜻이 비슷하거나 같은 한자는?
9. [事] ① 業 ② 才 ③ 急 ④ 短
10. [文] ① 樹 ② 章 ③ 英 ④ 科

※ [ ] 안의 한자와 뜻이 반대되거나 상대되는 한자는?
11. [前] ① 後 ② 和 ③ 讀 ④ 毛
12. [生] ① 頭 ② 重 ③ 死 ④ 別

※ 〈보기〉의 단어들과 가장 관련이 깊은 한자는?
13. 〈보기〉 세모 네모 동그라미
    ① 田 ② 朝 ③ 命 ④ 形
14. 〈보기〉 멍멍 왈왈 컹컹
    ① 李 ② 洋 ③ 性 ④ 犬
15. 〈보기〉 자개 진주 껍데기
    ① 始 ② 貝 ③ 堂 ④ 多

※ [ ] 안의 한자어의 독음(소리)으로 알맞은 것은?
16. [計算] ① 정산 ② 타산 ③ 계산 ④ 결산
17. [快適] ① 쾌적 ② 결적 ③ 혈적 ④ 왜적
18. [工程] ① 공화 ② 공단 ③ 공정 ④ 공공
19. [以上] ① 정상 ② 이상 ③ 단상 ④ 연상
20. [季節] ① 계절 ② 계단 ③ 계기 ④ 계곡

※ [ ] 안의 한자어의 뜻으로 알맞은 것은?
21. [稅金]
① 인간이 공동생활을 하는 데에 필요한 재화를 획득·이용하는 활동을 함.
② 국민이 국정에 직접 또는 간접으로 참여하는 권리.
③ 다른 것에 예속하거나 의존하지 아니하는 상태로 됨.
④ 국가에서 경비 마련을 위해, 국민들로부터 거두어들이는 돈.

22. [確率]
① 어떤 일이 일어날 확실성의 정도를 나타내는 수치, 확실성의 정도.
② 둘 이상의 것을 견주어 차이·우열·공통점 등을 살피는 것.
③ 혼란 없이 순조롭게 이루어지게 하는 사물의 순서나 차례.
④ 어떤 사물이나 상태를 변화시키거나 일으키게 하는 근본이 된 일이나 사건.

23. [肯定]
① 일이 진척되는 과정이나 정도.
② 일정한 수나 한도 따위를 넘음.
③ 인류 사회의 변천과 흥망의 과정.
④ 그러하다고 생각하여 옳다고 인정함.

24. [約束]
① 일정한 조직이나 집단이 대표자나 임원을 뽑는 일.
② 사건이나 환경, 인물 따위를 둘러싼 주위의 환경.
③ 다른 사람과 앞으로의 일을 미리 정함.
④ 제기된 문제를 해명하거나 얽힌 일을 잘 처리함.

25. [環境]
① 음악을 연주하는 데 쓰는 기구를 통틀어 이르는 말.
② 생물에게 직접·간접으로 영향을 주는 자연적 조건이나 사회적 상황.
③ 다른 지방이나 다른 나라의 풍경이나 풍물 등을 구경하러 다니는 사람.
④ 규칙적으로 되풀이되는 자연현상에 따라서 일 년을 구분한 것.

※ [ ] 안에 들어갈 한자어로 알맞은 것은?

26. 발해는 대조영이 [ ]하였다.
　① 餘韻　② 建國　③ 恭敬　④ 勤勉
27. 우리 학교는 70년 [ ]의 전통을 잇고 있다.
　① 種類　② 結果　③ 情報　④ 歷史
28. 바다거북은 [ ]로 올라와 알을 낳는다.
　① 選擧　② 導體　③ 陸地　④ 宇宙
29. 액자 속 그림은 꽃을 [ ]한 정물화이다.
　① 描寫　② 投資　③ 權利　④ 秩序
30. 책을 읽음으로써 간접 [ ]을/를 해볼 수 있다.
　① 獨立　② 經驗　③ 便紙　④ 樂器

주관식 (31~100번)

※ 한자의 훈(뜻)과 음(소리)을 한글로 쓰시오.

31. 根　（　　　　　）
32. 花　（　　　　　）
33. 苦　（　　　　　）
34. 銀　（　　　　　）
35. 開　（　　　　　）
36. 活　（　　　　　）
37. 春　（　　　　　）
38. 孫　（　　　　　）
39. 失　（　　　　　）
40. 界　（　　　　　）

※ 훈과 음에 맞는 한자를 〈보기〉에서 찾아 쓰시오.

〈보기〉	友 去 米 夜 童 各 省 第 愛 作

41. 벗　　　　우　（　　　　）
42. 지을　　　작　（　　　　）
43. 갈　　　　거　（　　　　）
44. 밤　　　　야　（　　　　）
45. 살필　　　성　（　　　　）
46. 쌀　　　　미　（　　　　）
47. 사랑　　　애　（　　　　）
48. 각각　　　각　（　　　　）
49. 차례　　　제　（　　　　）
50. 아이　　　동　（　　　　）

※ 한자어의 독음을 한글로 쓰시오.

51. 車窓　（　　　　　）
52. 放火　（　　　　　）
53. 內部　（　　　　　）
54. 號名　（　　　　　）
55. 主題　（　　　　　）
56. 民族　（　　　　　）
57. 弱者　（　　　　　）
58. 表示　（　　　　　）
59. 正直　（　　　　　）
60. 校服　（　　　　　）
61. 強力　（　　　　　）
62. 問病　（　　　　　）
63. 野心　（　　　　　）
64. 信用　（　　　　　）
65. 血肉　（　　　　　）
66. 親近　（　　　　　）
67. 運行　（　　　　　）
68. 圖書　（　　　　　）
69. 對等　（　　　　　）
70. 光明　（　　　　　）

※ 〈보기〉의 뜻을 참고하여 ○안에 공통으로 들어갈
한자를 쓰시오.

71. (1) 漢○　(2) ○人　（　　　　）

〈보기〉	(1) 한문으로 지어진 시. (2) 시를 전문적으로 짓는 사람.

72. (1) ○女　(2) ○風　（　　　　）

〈보기〉	(1) 아름다운 여자. (2) 아름다운 풍속.

73. (1) 新○　(2) 見○　（　　　　）

〈보기〉	(1) 새로운 소식이나 견문. 또는 이를 전달하는 정기 간행물. (2) 보고 들음. 또는 보거나 들어서 얻게 된 지식.

※ ○안에 공통으로 들어갈 한자를 <보기>에서 찾아 쓰시오.

<보기>	首　黃　幸　話　速

74. ○色　　○金　　○土　　(　　　)
75. 高○　　○記　　時○　　(　　　)
76. 元○　　○長　　自○　　(　　　)

※ 문장에서 잘못 쓴 한자를 바르게 고쳐 쓰시오. (단, 음이 같은 한자로 고칠 것)

77. 우리 동네는 지하철, 버스 등 대중 敎通을 이용하기가 편리하다. (　　→　　)
78. 재난 속에서 수많은 생명을 구한 그의 업적은 永原히 기억될 것이다. (　　→　　)

※ [　]안의 단어를 한자로 쓰시오.

79. [추석]을 맞아 친척들이 모두 모였다. (　　　)
80. 오늘은 내가 청소 [당번]이다. (　　　)
81. 이 옷은 [작년]에 산 것이다. (　　　)
82. [도로] 양쪽으로 가로등이 켜져 있다. (　　　)
83. 어린 동생은 아직 [모음] 'ㅐ'와 'ㅔ'를 구별해서 발음하지 못한다. (　　　)

※ [　]안의 한자어 독음을 한글로 쓰시오.

84. 신문에 일할 사람을 찾는 구인 [廣告]를 냈다. (　　　)
85. 그는 우리의 [傳統] 문화를 보존하고 알리기 위해 노력을 아끼지 않았다. (　　　)
86. 경찰은 범인에게 투항하기를 [說得]했다. (　　　)
87. [太陽系]에서 표면적이 가장 넓은 행성은 목성으로 알려져 있다. (　　　)
88. 최선의 방법을 찾기 위해 친구들과 [討議]했다. (　　　)
89. 그 식물군은 우리나라 전역에 [分布]되어 있다. (　　　)
90. [公演] 개막을 일주일 앞두고 단원들은 마지막 연습에 매진했다. (　　　)
91. 일부 공장의 불법 폐수 방류로 상수원이 심각하게 [汚染]되었다. (　　　)
92. [收入]과 지출을 계산해보았다. (　　　)
93. 소나무를 [背景]으로 사진을 찍었다. (　　　)
94. 무엇이든 적당량을 [超過]하면 좋지 않은 효과를 가져온다. (　　　)
95. 이 저울의 기본 [單位]는 '그램'이다. (　　　)
96. 어머니는 멀리서 나를 보며 [微笑]를 지으셨다. (　　　)
97. 산업 [社會]에서는 정보가 대량으로 생산되고 대량으로 소비된다. (　　　)
98. 기와지붕에서 볼 수 있는 완만한 [曲線]의 아름다움은 여유와 품위를 느끼게 한다. (　　　)

※ 한자성어의 설명을 읽고 ○안에 들어갈 한자를 쓰시오.

99. 有 口 ○ ○　　(　　,　　)

[유구무언] 입은 있어도 말은 없다는 뜻으로, 변명할 말이 없거나 변명을 못함을 이르는 말.

100. 百 ○ 百 ○　　(　　,　　)

[백발백중] 백 번 쏘아 백 번 맞힌다는 뜻으로, 총이나 활을 쏠 때마다 겨눈 곳에 다 맞음을 이르는 말.

- 수고하셨습니다 -

한자실력급수 자격시험 **5급 연습문제 〈6〉**

객관식 (1~30번)

※ [　] 안의 한자와 음(소리)이 같은 한자는?

1. [席] ① 表　② 石　③ 號　④ 黃
2. [度] ① 圖　② 步　③ 性　④ 去
3. [李] ① 首　② 界　③ 里　④ 野
4. [路] ① 窓　② 半　③ 業　④ 老
5. [田] ① 服　② 前　③ 童　④ 章

※ [　] 안의 한자의 뜻으로 알맞은 것은?

6. [花] ① 풀　② 꽃　③ 약　④ 살
7. [形] ① 예도　② 차례　③ 모양　④ 어제
8. [陽] ① 볕　② 별　③ 병　④ 벽

※ [　] 안의 한자와 뜻이 비슷하거나 같은 한자는?

9. [樹] ① 樂　② 運　③ 綠　④ 木
10. [郡] ① 消　② 邑　③ 銀　④ 者

※ [　] 안의 한자와 뜻이 반대되거나 상대되는 한자는?

11. [朝] ① 近　② 孫　③ 夕　④ 犬
12. [強] ① 毛　② 短　③ 族　④ 弱

※ 〈보기〉의 단어들과 가장 관련이 깊은 한자는?

13.

〈보기〉	단풍	귀뚜라미	코스모스

　① 秋　② 示　③ 音　④ 昨

14.

〈보기〉	국어	영어	수학

　① 急　② 魚　③ 才　④ 科

15.

〈보기〉	내기	경쟁	트로피

　① 勝　② 在　③ 神　④ 始

※ [　] 안의 한자어의 독음(소리)으로 알맞은 것은?

16. [傳統] ① 교통　② 전통　③ 상통　④ 일통
17. [說得] ① 기득　② 획득　③ 설득　④ 만득
18. [家庭] ① 가정　② 가구　③ 가전　④ 가감
19. [聯想] ① 공상　② 상상　③ 연상　④ 이상
20. [投票] ① 투명　② 투시　③ 투자　④ 투표

※ [　] 안의 한자어의 뜻으로 알맞은 것은?

21. [障碍]
① 실제로 경험하지 않은 현상이나 사물에 대하여 마음속으로 그려 봄.
② 신체기관이 본래의 제 기능을 하지 못하거나 정신 능력에 결함이 있는 상태.
③ 자갈·모래·진흙·생물체 따위가 물 밑이나 지표에 퇴적하여 이룬 층.
④ 스스로 앞으로 나아가거나 상황을 개선하려는 기백이 부족하고 비활동적임.

22. [地震]
① 땅속의 급격한 변화로 땅이 흔들리거나 갈라지는 현상.
② 추상적인 개념이나 사물을 구체적인 사물로 나타내는 일.
③ 생각이나 느낌 따위를 언어나 몸짓 따위의 형상으로 드러내어 나타냄.
④ 열 또는 전기의 전도율이 비교적 큰 물체를 통틀어 이르는 말.

23. [加熱]
① 세상에 널리 알림.
② 어렵게 여겨 꺼림.
③ 많이 덮쳐 쌓거나 쌓임.
④ 어떤 물질에 열을 가함.

24. [恭敬]
① 여럿 가운데서 필요한 것을 골라 뽑음.
② 공손히 받들어 모심.
③ 몸과 마음에 알맞아 기분이 썩 좋음.
④ 어떤 장소에서 벌어진 광경.

25. [解決]
① 인류 사회의 변천과 흥망의 과정. 또는 그 기록.
② 음악, 무용, 연극 등을 많은 사람 앞에서 보이는 일.
③ 제기된 문제를 해명하거나 얽힌 일을 잘 처리함.
④ 예로부터 민간에 전하여 오는 격언. 속된 이야기.

※ [　] 안에 들어갈 한자어로 알맞은 것은?

26. 가정에서 사용하는 합성 세제는 수질 [　]의 원인이다.
　① 汚染　② 役割　③ 印象　④ 環境

27. 집 앞에 다양한 [ ]의 꽃들이 피었다.
    ① 微笑   ② 時調   ③ 種類   ④ 超過
28. 이 문제를 해결하기 위해 [ ]해 보았다.
    ① 曲線   ② 轉學   ③ 建國   ④ 討議
29. 우리나라는 짧은 기간에 고도의 [ ]성장을 이루어 냈다.
    ① 根據   ② 經濟   ③ 描寫   ④ 秩序
30. 선거는 민주주의 [ ] 제도의 핵심 요소이다.
    ① 政治   ② 結果   ③ 歷史   ④ 情報

주관식 (31~100번)

※ 한자의 훈(뜻)과 음(소리)을 한글로 쓰시오.
31. 朴   (   )
32. 光   (   )
33. 太   (   )
34. 等   (   )
35. 藥   (   )
36. 多   (   )
37. 詩   (   )
38. 竹   (   )
39. 行   (   )
40. 元   (   )

※ 훈과 음에 맞는 한자를 <보기>에서 찾아 쓰시오.

<보기>	冬 京 幸 無 原 苦 信 永 活 清

41. 다행   행   (   )
42. 살   활   (   )
43. 믿을   신   (   )
44. 언덕/근원 원   (   )
45. 맑을   청   (   )
46. 길   영   (   )
47. 괴로울   고   (   )
48. 서울   경   (   )
49. 겨울   동   (   )
50. 없을   무   (   )

※ 한자어의 독음을 한글로 쓰시오.
51. 和親   (   )
52. 白米   (   )
53. 遠洋   (   )
54. 便安   (   )
55. 晝間   (   )
56. 飮食   (   )
57. 直通   (   )
58. 高速   (   )
59. 肉體   (   )
60. 當番   (   )
61. 靑春   (   )
62. 交感   (   )
63. 綠色   (   )
64. 勇氣   (   )
65. 命題   (   )
66. 物理   (   )
67. 後方   (   )
68. 發言   (   )
69. 金品   (   )
70. 村長   (   )

※ <보기>의 뜻을 참고하여 ○안에 공통으로 들어갈 한자를 쓰시오.

71. (1) 外○   (2) ○分   (   )

<보기>	(1) 바깥 부분. (2) 전체를 몇 개로 나눈 것 중 하나.

72. (1) ○力   (2) ○大   (   )

<보기>	(1) 질량을 가지고 있는 모든 물체가 서로 잡아당기는 힘. (2) 매우 중요하고 큼.

73. (1) 讀○   (2) ○堂   (   )

<보기>	(1) 책을 읽음. (2) 글방. 예전에, 한문을 사사로이 가르치던 곳.

※ ○안에 공통으로 들어갈 한자를 〈보기〉에서 찾아 쓰시오.

〈보기〉	風 共 會 頭 禮

74. ○巾　○目　先○　　（　　　　）

75. ○式　○物　主○　　（　　　　）

76. ○向　○習　東○　　（　　　　）

※ 문장에서 잘못 쓴 한자를 바르게 고쳐 쓰시오. (단, 음이 같은 한자로 고칠 것)

77. 유치원마다 身入生 접수가 한창이었다.
　　　　　　　　　（　　　→　　　）

78. 그들 남매는 右愛가 돈독하다.
　　　　　　　　　（　　　→　　　）

※ [　]안의 단어를 한자로 쓰시오.

79. 그가 [심혈]을 기울여 작성한 논문이 심사를 통과하였다.　　　（　　　　）

80. 수술을 마친 친구의 [병실]로 병문안을 갔다.
　　　　　　　　　　　　（　　　　）

81. 눈을 크게 다쳐 [실명]하였다.
　　　　　　　　　　　　（　　　　）

82. 나는 [유명]한 과학자가 되고 싶다.
　　　　　　　　　　　　（　　　　）

83. 누나는 목소리가 예쁜 [반면] 노래를 못한다.
　　　　　　　　　　　　（　　　　）

※ [　]안의 한자어 독음을 한글로 쓰시오.

84. 이 생명체는 새로운 환경에 [適應]하기에 유리한 조건을 가지고 있다.　（　　　　）

85. [宇宙] 비행선이 무사히 달에 착륙하였다.
　　　　　　　　　　　　（　　　　）

86. 우리나라 경제는 [輸出]에 크게 의존하고 있다.　　　　　　　　　（　　　　）

87. 의무를 성실히 이행해야 [權利]를 당당하게 주장할 수 있다.　　　（　　　　）

88. 농지 [比率]의 축소는 결국 식량 부족의 위험을 초래할 것이다.　　（　　　　）

89. 방송 드라마에서 간접 [廣告]를 하는 일이 종종 문제가 되곤 한다.　（　　　　）

90. 이 작품은 매우 [創意的]이라는 평가를 받았다.　　　　　　　　　（　　　　）

91. 학교에서 집까지 가는 길의 거리를 [計算]해 보았다.　　　　　　（　　　　）

92. 할아버지께서는 조국의 [獨立]을 위해 헌신하신 애국지사이시다.　（　　　　）

93. 그 영화를 보고나서 긴 [餘韻]이 남았다.
　　　　　　　　　　　　（　　　　）

94. 다음 주에 교내 [合唱]대회가 열린다.
　　　　　　　　　　　　（　　　　）

95. 단원들은 최고의 무대를 만들기 위해 한 달간 열심히 [公演] 준비를 했다.　（　　　　）

96. 어렸을 적부터 몸에 밴 [勤勉]은 나이가 들어서도 없어지지 않는다.　（　　　　）

97. 그녀는 머리를 [端正]하게 묶었다.
　　　　　　　　　　　　（　　　　）

98. 경주에는 신라 시대의 [文化財]가 많이 남아 있다.　　　　　　　（　　　　）

※ 한자성어의 설명을 읽고 ○안에 들어갈 한자를 쓰시오.

99. ○事 不○　　　　　　　（　　，　　）

[인사불성] 제 몸에 벌어지는 일을 모를 만큼 정신을 잃은 상태.

100. 九 ○ 一 ○　　　　　　（　　，　　）

[구사일생] 아홉 번 죽을 뻔하다 한 번 살아난다는 뜻으로, 죽을 고비를 여러 차례 넘기고 겨우 살아남을 이르는 말

－ 수고하셨습니다 －

한자실력급수 자격시험 5급 연습문제 ⟨7⟩

객관식 (1~30번)

※ [　] 안의 한자와 음(소리)이 같은 한자는?
1. [題] ① 第　② 朴　③ 族　④ 李
2. [郡] ① 軍　② 省　③ 米　④ 昨
3. [漢] ① 勝　② 夏　③ 韓　④ 讀
4. [首] ① 出　② 田　③ 友　④ 樹
5. [英] ① 春　② 永　③ 交　④ 消

※ [　] 안의 한자의 뜻으로 알맞은 것은?
6. [銀] ① 금　② 은　③ 동　④ 철
7. [愛] ① 슬기　② 미움　③ 사랑　④ 웃음
8. [犬] ① 개　② 말　③ 소　④ 닭

※ [　] 안의 한자와 뜻이 비슷하거나 같은 한자는?
9. [村] ① 夜　② 魚　③ 形　④ 里
10. [身] ① 飮　② 體　③ 等　④ 明

※ [　] 안의 한자와 뜻이 반대되거나 상대되는 한자는?
11. [前] ① 竹　② 感　③ 後　④ 淸
12. [去] ① 黃　② 高　③ 放　④ 來

※ ⟨보기⟩의 단어들과 가장 관련이 깊은 한자는?

13. | ⟨보기⟩ | 콩 | 깨 | 올리브 |

　　① 油　② 强　③ 衣　④ 科

14. | ⟨보기⟩ | 커튼 | 유리 | 방충망 |

　　① 急　② 秋　③ 苦　④ 窓

15. | ⟨보기⟩ | 귤 | 감 | 사과 |

　　① 果　② 始　③ 畫　④ 各

※ [　] 안의 한자어의 독음(소리)으로 알맞은 것은?
16. [規則] ① 규정　② 규칙　③ 규범　④ 규식
17. [戰爭] ① 항쟁　② 아쟁　③ 전쟁　④ 투쟁
18. [投資] ① 투자　② 기자　③ 역자　④ 손자
19. [單位] ① 단기　② 단립　③ 단위　④ 단두
20. [衛星] ① 혜성　② 항성　③ 행성　④ 위성

※ [　] 안의 한자어의 뜻으로 알맞은 것은?
21. [汚染]
　① 행성의 인력에 의하여 그 주위를 도는 별.
　② 더럽게 물듦. 또는 더럽게 물들임.
　③ 어떤 장소에서 벌어진 광경.
　④ 따로 따로 갈라서 나눔.
22. [餘暇]
　① 일이 없어 한가로운 시간.
　② 음악을 연주하는 데 쓰는 기구.
　③ 여러 요소를 서로 같거나 일치되게 맞춤.
　④ 다른 수나 양에 대한 어떤 수나 양의 비.
23. [態度]
　① 국가와 국가 사이에 무력을 사용하여 싸움.
　② 일이 진척되는 과정이나 정도.
　③ 이익을 얻을 목적으로 사업 등에 자금을 댐.
　④ 몸의 동작이나 몸을 가누는 모양새.
24. [比例式]
　① 공손히 받들어 모심.
　② 두 개의 비가 같음을 나타내는 식.
　③ 맡아서 해야 할 임무나 의무.
　④ 부피가 썩 큰 돌. 바위.
25. [對應]
　① 땅이 흔들리고 갈라지는 지각 변동현상.
　② 옷차림새나 몸가짐 따위가 얌전하고 바름.
　③ 어떤 일이나 사태에 맞추어 태도나 행동을 취함.
　④ 일한 결과로 얻은 정신적·물질적 이익.

※ [　] 안에 들어갈 한자어로 알맞은 것은?
26. 많은 섬들이 [　]과/와 다리로 연결되었다.
　① 陸地　② 經濟　③ 役割　④ 宇宙
27. 대화와 [　]을 통해 갈등을 풀어나가야 한다.
　① 原因　② 季節　③ 妥協　④ 建國
28. 우리는 책과 신문을 통해 다양한 [　]를 얻을 수 있다.
　① 種類　② 討議　③ 樂器　④ 情報
29. 용돈을 절약하여 [　]을 하였다.
　① 環境　② 貯金　③ 快適　④ 背景
30. 공적인 자리에서는 사투리보다는 [　]를 사용해야 한다.
　① 標準語　② 超過　③ 秩序　④ 太陽系

주관식 (31~100번)

※ 한자의 훈(뜻)과 음(소리)을 한글로 쓰시오.

31. 近 (　　　　　)
32. 番 (　　　　　)
33. 孫 (　　　　　)
34. 弱 (　　　　　)
35. 意 (　　　　　)
36. 見 (　　　　　)
37. 界 (　　　　　)
38. 勇 (　　　　　)
39. 部 (　　　　　)
40. 理 (　　　　　)

※ 훈과 음에 맞는 한자를 〈보기〉에서 찾아 쓰시오.

〈보기〉	反 音 京 美 重 書 業 花 開 作

41. 돌이킬　　반 (　　　　　)
42. 열　　　개 (　　　　　)
43. 소리　　음 (　　　　　)
44. 서울　　경 (　　　　　)
45. 무거울　중 (　　　　　)
46. 글　　　서 (　　　　　)
47. 아름다울　미 (　　　　　)
48. 일　　　업 (　　　　　)
49. 지을　　작 (　　　　　)
50. 꽃　　　화 (　　　　　)

※ 한자어의 독음을 한글로 쓰시오.

51. 藥品 (　　　　　)
52. 當場 (　　　　　)
53. 別本 (　　　　　)
54. 根性 (　　　　　)
55. 冬服 (　　　　　)
56. 神堂 (　　　　　)

57. 風聞 (　　　　　)
58. 平野 (　　　　　)
59. 貝物 (　　　　　)
60. 國會 (　　　　　)
61. 元祖 (　　　　　)
62. 學習 (　　　　　)
63. 發育 (　　　　　)
64. 活用 (　　　　　)
65. 老母 (　　　　　)
66. 多幸 (　　　　　)
67. 遠大 (　　　　　)
68. 功名 (　　　　　)
69. 圖章 (　　　　　)
70. 失禮 (　　　　　)

※ 〈보기〉의 뜻을 참고하여 ○안에 공통으로 들어갈 한자를 쓰시오.

71. (1) 長○　　(2) ○文 (　　　　　)

〈보기〉	(1) 길고 짧음. (2) 짧은 글.

72. (1) 正○　　(2) ○立 (　　　　　)

〈보기〉	(1) 마음에 거짓이나 꾸밈이 없이 바르고 곧음. (2) 꼿꼿하게 바로 섬.

73. (1) 年○　　(2) ○示 (　　　　　)

〈보기〉	(1) 역사상 발생한 사건을 연대순으로 배열하여 적은 표. (2) 겉으로 드러내 보임.

※ ○안에 공통으로 들어갈 한자를 〈보기〉에서 찾아 쓰시오.

〈보기〉	命 童 路 頭 號

74. 道○　　○線　　水○ (　　　　　)
75. 口○　　信○　　○外 (　　　　　)
76. ○詩　　○話　　○心 (　　　　　)

24　　　　　5급 연습문제 〈 7 〉

※ 문장에서 잘못 쓴 한자를 바르게 고쳐 쓰시오. (단, 음이 같은 한자로 고칠 것)

77. 잠시 후, 두 사람 사이에 화해의 記運이 감돌았다. （　　→　　）

78. 우리나라는 대륙에서 海羊으로 돌출되어 있는 반도 국가이다. （　　→　　）

※ [ ]안의 단어를 한자로 쓰시오.

79. 하루빨리 기운을 내서 [**병석**]에서 일어나시길 바랍니다. （　　）

80. 집에서 학교까지 [**속보**]로 5분 만에 갈 수 있다. （　　）

81. 누나는 나의 유일한 [**혈육**]이다. （　　）

82. 강변 가로수의 [**신록**]은 눈을 즐겁게 해주었다. （　　）

83. 기계 문명의 발달은 일상생활에 [**편리**]를 가져왔다. （　　）

※ [ ]안의 한자어 독음을 한글로 쓰시오.

84. 재판이 공정하게 이루어지려면 [司法府]의 독립이 보장되어야 한다. （　　）

85. 그는 매사에 [積極的]이다. （　　）

86. 내일은 전국 지방 자치단체장을 뽑는 [選擧]가 진행될 예정이다. （　　）

87. 기후의 온난화가 진행되면서 고산 지대의 식물 [分布]가 점차 달라지고 있는 것으로 알려졌다. （　　）

88. [時調]는 3장 6구 4음보가 기본 형태이다. （　　）

89. 온돌은 우리나라의 독특한 [傳統] 난방장치이다. （　　）

90. 우리는 서로를 보며 [微笑]를 지었다. （　　）

91. 길거리에서 외국인 [觀光客]을 어렵지 않게 찾아볼 수 있다. （　　）

92. 아버지는 병원에 가지 않으려는 딸을 [說得]하느라 진땀을 뺐다. （　　）

93. 일주일간의 [收入]과 지출을 계산해보았다. （　　）

94. 선생님은 학생들의 진로를 위해 상담실로 한 명씩 불러 [面談]하셨다. （　　）

95. 그 소설은 당시 시대상을 세밀하게 [描寫]하였다. （　　）

96. 그는 윗사람을 [恭敬]하고 아랫사람을 잘 보살필 줄 아는 사람이다. （　　）

97. 친구의 말을 듣고 나는 [肯定]의 뜻으로 고개를 끄덕였다. （　　）

98. 그는 신체적 [障礙]를 극복하고 운동선수로서 성공하였다. （　　）

※ 한자성어의 설명을 읽고 ○안에 들어갈 한자를 쓰시오.

99. ○手○家 （　　,　　）

[자수성가] 물려받은 재산이 없이 자기 혼자의 힘으로 집안을 일으키고 재산을 모음.

100. 王○無○ （　　,　　）

[왕자무친] 임금이라도 사사로운 정으로 일을 처리해서는 안 됨.

- 수고하셨습니다 -

한자실력급수 자격시험 5급 연습문제 〈8〉

객관식 (1~30번)

※ [　] 안의 한자와 음(소리)이 같은 한자는?

1. [圖]　① 頭　② 飮　③ 晝　④ 刀
2. [冬]　① 多　② 科　③ 洞　④ 題
3. [郡]　① 後　② 軍　③ 手　④ 理
4. [性]　① 省　② 朴　③ 淸　④ 李
5. [命]　① 部　② 直　③ 交　④ 明

※ [　] 안의 한자의 뜻으로 알맞은 것은?

6. [童]　① 법도　② 여름　③ 아이　④ 그림
7. [窓]　① 창문　② 고을　③ 목숨　④ 가을
8. [休]　① 걷다　② 쉬다　③ 높다　④ 잃다

※ [　] 안의 한자와 뜻이 비슷하거나 같은 한자는?

9. [海]　① 短　② 綠　③ 急　④ 洋
10. [樹]　① 木　② 勇　③ 消　④ 銀

※ [　] 안의 한자와 뜻이 반대되거나 상대되는 한자는?

11. [苦]　① 犬　② 者　③ 樂　④ 貝
12. [强]　① 示　② 弱　③ 昨　④ 第

※ 〈보기〉의 단어들과 가장 관련이 깊은 한자는?

13.
〈보기〉	눈금	경계	악보

　① 村　② 當　③ 夜　④ 線

14.
〈보기〉	해	달	촛불

　① 族　② 形　③ 光　④ 號

15.
〈보기〉	의자	깔개	방석

　① 章　② 去　③ 業　④ 席

※ [　] 안의 한자어의 독음(소리)으로 알맞은 것은?

16. [秩序]　① 실서　② 질서　③ 일서　④ 길서
17. [恭敬]　① 공경　② 신경　③ 동경　④ 입경
18. [勤勉]　① 권면　② 동면　③ 근면　④ 구면
19. [權利]　① 환리　② 탄리　③ 관리　④ 권리
20. [役割]　① 역활　② 역할　③ 역해　④ 역행

※ [　] 안의 한자어의 뜻으로 알맞은 것은?

21. [統一]
　① 나누어진 것들을 합쳐서 하나의 조직·체계 아래로 모이게 함.
　② 다른 사람과 앞으로의 일을 어떻게 할 것인가를 미리 정하여 둠.
　③ 규칙적으로 되풀이되는 자연현상에 따라서 일년을 구분한 것.
　④ 지도 등을 실물보다 작게 줄여 그릴 때, 그 축소한 정도.

22. [俗談]
　① 행성의 인력에 의하여 그 둘레를 도는 천체.
　② 나라에서 지정하여 법률로 보호하는 문화재.
　③ 예로부터 민간에 전하여 오는 격언. 속된 이야기.
　④ 어떤 일이나 사태에 맞추어 태도나 행동을 취함.

23. [選擇]
　① 여럿이 함께 무슨 일을 하거나 책임을 짐.
　② 둘 이상의 것에서 마음에 드는 것을 골라 뽑음.
　③ 행성의 인력에 의하여 그 둘레를 도는 천체.
　④ 안부, 소식, 용무 따위를 적어 보내는 글.

24. [單位]
　① 땅 속의 급격한 변화로 땅이 흔들리거나 갈라지는 현상.
　② 열 또는 전기의 전도율이 비교적 큰 물체를 통틀어 이르는 말.
　③ 생물에게 직접. 간접으로 영향을 주는 자연적 조건이나 사회적 상황.
　④ 길이, 무게, 수효, 시간 따위의 수량을 수치로 나타낼 때 기초가 되는 일정한 기준.

25. [基準]
　① 기본이 되는 표준.
　② 인류 사회의 변천과 흥망의 과정.
　③ 종류에 따라서 가름.
　④ 아주 부지런함.

※ [　] 안에 들어갈 한자어로 알맞은 것은?

26. 코끼리는 멸종위험이 높은 동물로 [　]된다.
　① 便紙　② 投資　③ 分類　④ 時調
27. 이번 [　]대회 때 우리 반이 1등을 했다.
　① 建國　② 合唱　③ 家庭　④ 尊重

28. 좋은 친구들을 만나 새로운 학교에 잘 [ ]할 수 있었다.
① 適應 ② 妥協 ③ 縮尺 ④ 確率
29. 조금 비싸더라도 자연 [ ]에 피해를 주지 않는 제품을 찾는 사람들이 많아졌다.
① 貯金 ② 收入 ③ 約束 ④ 環境
30. 소중한 [ ]이/가 화재로 인해 소실되는 것을 막아야 한다.
① 比例式 ② 文化財 ③ 降水量 ④ 半導體

주관식 (31~100번)

※ 한자의 훈(뜻)과 음(소리)을 한글로 쓰시오.
31. 死   (   )
32. 首   (   )
33. 音   (   )
34. 病   (   )
35. 竹   (   )
36. 速   (   )
37. 肉   (   )
38. 身   (   )
39. 遠   (   )
40. 永   (   )

※ 훈과 음에 맞는 한자를 〈보기〉에서 찾아 쓰시오.

〈보기〉	品 堂 步 英 藥 等 孫 勝 路 近

41. 물건   품   (   )
42. 길   로   (   )
43. 가까울   근   (   )
44. 집   당   (   )
45. 약   약   (   )
46. 꽃부리   영   (   )
47. 무리   등   (   )
48. 이길   승   (   )
49. 손자   손   (   )
50. 걸음   보   (   )

※ 한자어의 독음을 한글로 쓰시오.
51. 無用   (   )
52. 反對   (   )
53. 感電   (   )
54. 友愛   (   )
55. 各界   (   )
56. 神話   (   )
57. 平和   (   )
58. 自習   (   )
59. 羊毛   (   )
60. 綠末   (   )
61. 美色   (   )
62. 失言   (   )
63. 黃土   (   )
64. 讀書   (   )
65. 西京   (   )
66. 新春   (   )
67. 每番   (   )
68. 朝禮   (   )
69. 內服   (   )
70. 山川魚 (   )

※ 〈보기〉의 뜻을 참고하여 ○안에 공통으로 들어갈 한자를 쓰시오.

71. (1) ○文   (2) ○心   (   )

〈보기〉	(1) 글을 지음. (2) 마음을 단단히 먹음.

72. (1) ○花   (2) ○會   (   )

〈보기〉	(1) 꽃이 핌. (2) 회의나 모임을 시작함.

73. (1) ○位   (2) ○校   (   )

〈보기〉	(1) 높고 귀한 지위. (2) '고등학교'의 준말로, 중학교를 졸업하거나 이와 같은 자격을 갖춘 사람에게 교육을 실시하는 학교.

※ ○안에 공통으로 들어갈 한자를 〈보기〉에서 찾아 쓰시오.

〈보기〉	成　夏　食　發　秋

74. ○表　　○信　　始○　　（　　　　）
75. ○功　　○長　　○人　　（　　　　）
76. 別○　　間○　　○事　　（　　　　）

※ 문장에서 잘못 쓴 한자를 바르게 고쳐 쓰시오. (단, 음이 같은 한자로 고칠 것)

77. 뜻밖에 찾아온 기적 같은 行運에 어깨춤이 절로 났다. （　　　→　　　）

78. 그는 이 분야의 타고난 天在였지만 연구와 노력을 게을리하지 않았다. （　　　→　　　）

※ [　]안의 단어를 한자로 쓰시오.

79. [활화산]이 연쇄적으로 폭발하여 거대한 연기를 뿜어내고 있다. （　　　　）

80. 수평선 위로 붉은 [태양]이 떠올랐다. （　　　　）

81. 오늘은 날씨가 좋아서 [야외] 수업을 했다. （　　　　）

82. 그 환자는 [출혈]이 심하여 수술 도중 수혈을 받아야 했다. （　　　　）

83. [예식장] 바닥에는 값비싼 카펫이 깔려 있었다. （　　　　）

※ [　]안의 한자어 독음을 한글로 쓰시오.

84. 오늘은 비가 올 확률이 구십 퍼센트 [以上]이라고 한다. （　　　　）

85. 어린아이도 [獨立]적인 인격체로서 존중받아야 한다. （　　　　）

86. 어쨌든 그날은 참 [印象]깊은 하루였다. （　　　　）

87. 국어사전에서 재미있는 [固有語] 표현들을 찾아 따로 정리해두었다. （　　　　）

88. [地震]으로 일부 고속도로가 붕괴되었다. （　　　　）

89. 대중교통을 이용하면 대기 [汚染]을 줄일 수 있다. （　　　　）

90. 그 의사는 흰 가운을 [端正]하게 입고 있었다. （　　　　）

91. 실험 [結果]를 공책에 자세히 기록하였다. （　　　　）

92. 웃어른께서 말씀하시면 공손한 [態度]로 귀를 기울여야 한다. （　　　　）

93. 그는 [輸出] 증대를 위해 외국을 부지런히 왕래하였다. （　　　　）

94. 가을은 결실의 [季節]이다. （　　　　）

95. 문제를 해결하기 위해 [原因]을 먼저 파악해야 한다. （　　　　）

96. 선생님께서 환한 [微笑]로 반겨주셨다. （　　　　）

97. [戰爭]은 승자와 패자 모두에게 깊은 상처와 후유증을 남긴다. （　　　　）

98. 우리나라는 단기간 내에 빠른 [經濟] 성장을 이루어냈다. （　　　　）

※ 한자성어의 설명을 읽고 ○안에 들어갈 한자를 쓰시오.

99. 百 ○ 大 ○　　　　（　　，　　）

[백년대계] 먼 앞날까지 미리 내다보고 세우는 크고 중요한 계획.

100. ○ 耳 東 ○　　　　（　　，　　）

[마이동풍] 동풍이 말의 귀를 스쳐 간다는 뜻으로, 남의 말을 귀담아듣지 아니하고 지나쳐 흘려버림을 이르는 말.

－ 수고하셨습니다 －

한자실력급수 자격시험 5급 연습문제 <9>

객관식 (1~30번)

※ [   ] 안의 한자와 음(소리)이 같은 한자는?
1. [始] ① 圖 ② 堂 ③ 詩 ④ 勇
2. [科] ① 果 ② 童 ③ 花 ④ 刀
3. [冬] ① 郡 ② 性 ③ 洞 ④ 命
4. [右] ① 功 ② 友 ③ 黃 ④ 席
5. [神] ① 孫 ② 樂 ③ 運 ④ 新

※ [   ] 안의 한자의 뜻으로 알맞은 것은?
6. [章] ① 글 ② 겉 ③ 길 ④ 공
7. [才] ① 물건 ② 목숨 ③ 이름 ④ 재주
8. [第] ① 예도 ② 차례 ③ 고을 ④ 무리

※ [   ] 안의 한자와 뜻이 비슷하거나 같은 한자는?
9. [共] ① 春 ② 朝 ③ 同 ④ 別
10. [身] ① 體 ② 作 ③ 藥 ④ 京

※ [   ] 안의 한자와 뜻이 반대되거나 상대되는 한자는?
11. [死] ① 多 ② 頭 ③ 活 ④ 根
12. [長] ① 朴 ② 短 ③ 李 ④ 畫

※ <보기>의 단어들과 가장 관련이 깊은 한자는?

13. | <보기> | 산책 | 둘레길 | 하이킹 |
    ① 理 ② 村 ③ 言 ④ 步

14. | <보기> | 시집 | 소설 | 신문 |
    ① 者 ② 綠 ③ 讀 ④ 犬

15. | <보기> | 밥 | 논 | 추수 |
    ① 業 ② 示 ③ 形 ④ 米

※ [   ] 안의 한자어의 독음(소리)으로 알맞은 것은?
16. [統一] ① 통일 ② 총일 ③ 동일 ④ 종일
17. [社會] ① 토회 ② 사회 ③ 지회 ④ 시회
18. [經驗] ① 경험 ② 징험 ③ 시험 ④ 위험
19. [輸出] ① 구출 ② 추출 ③ 유출 ④ 수출
20. [歷史] ① 지사 ② 역사 ③ 묘사 ④ 화사

※ [   ] 안의 한자어의 뜻으로 알맞은 것은?
21. [尊重]
  ① 일정한 수나 한도 따위를 넘음.
  ② 열매를 맺음.
  ③ 높이어 귀중하게 대함.
  ④ 나누어 맡은 구실.
22. [印象]
  ① 여러 요소를 서로 같거나 일치되게 맞춤.
  ② 자기가 마땅히 해야 할 맡은 바 임무.
  ③ 창의성을 띠거나 가진, 또는 그런 것.
  ④ 어떤 대상에 대하여 마음속에 새겨지는 느낌.
23. [約束]
  ① 몸의 동작이나 몸을 거두는 모양새.
  ② 어떤 문제에 대하여 검토하고 협의함.
  ③ 다른 사람과 앞으로의 일을 미리 정함.
  ④ 옷차림새나 몸가짐 따위가 얌전하고 바름.
24. [消極的]
  ① 실제로 경험하지 않은 현상이나 사물에 대하여 마음속으로 그려 봄.
  ② 스스로 앞으로 나아가거나 상황을 개선하려는 기백이 부족하고 비활동적인 것.
  ③ 다른 지방이나 다른 나라의 풍경이나 풍물 등을 구경하러 다니는 사람.
  ④ 열 또는 전기의 전도율이 비교적 큰 물체를 통틀어 이르는 말.
25. [文化財]
  ① 문화 활동에 의하여 창조된 가치가 뛰어난 사물.
  ② 한 점에서 갈리어 나간 두 직선의 벌어진 정도.
  ③ 국가와 국가 사이에 무력을 사용하여 싸움.
  ④ 여러 사람이 다 같이 지키기로 정한 법칙.

※ [   ] 안에 들어갈 한자어로 알맞은 것은?
26. 승리를 위해서는 경기 [   ]을 잘 이해해야 한다.
  ① 曲線 ② 規則 ③ 加熱 ④ 恭敬
27. [   ]에 따른 여러 세시풍속을 조사하였다.
  ① 公演 ② 解決 ③ 基準 ④ 季節
28. 동화 속 악당의 [   ]과 성격을 분류하였다.
  ① 役割 ② 區分 ③ 工程 ④ 縮尺
29. 그의 성공 요인은 [   ]하고 성실한 자세이다.
  ① 尖端 ② 聯想 ③ 勤勉 ④ 選擧

30. 단군왕검의 [   ]이념은 '홍익인간'이다.
　① 肯定　② 建國　③ 確率　④ 妥協

주관식 (31~100번)

※ 한자의 훈(뜻)과 음(소리)을 한글로 쓰시오.

31. 見　（　　　　　）
32. 信　（　　　　　）
33. 竹　（　　　　　）
34. 等　（　　　　　）
35. 習　（　　　　　）
36. 英　（　　　　　）
37. 夏　（　　　　　）
38. 用　（　　　　　）
39. 直　（　　　　　）
40. 式　（　　　　　）

※ 훈과 음에 맞는 한자를 〈보기〉에서 찾아 쓰시오.

〈보기〉	交 風 表 夜 感 後 秋 血 樹 遠

41. 밤　　　야　（　　　　　）
42. 멀　　　원　（　　　　　）
43. 바람　　풍　（　　　　　）
44. 피　　　혈　（　　　　　）
45. 뒤　　　후　（　　　　　）
46. 나무　　수　（　　　　　）
47. 겉　　　표　（　　　　　）
48. 느낄　　감　（　　　　　）
49. 사귈　　교　（　　　　　）
50. 가을　　추　（　　　　　）

※ 한자어의 독음을 한글로 쓰시오.

51. 急速　　（　　　　　）
52. 窓門　　（　　　　　）
53. 當代　　（　　　　　）
54. 魚貝　　（　　　　　）
55. 世界　　（　　　　　）
56. 部族　　（　　　　　）
57. 去來　　（　　　　　）
58. 太陽　　（　　　　　）
59. 自省　　（　　　　　）
60. 成事　　（　　　　　）
61. 洋服　　（　　　　　）
62. 元首　　（　　　　　）
63. 昨年　　（　　　　　）
64. 番號　　（　　　　　）
65. 近海　　（　　　　　）
66. 目禮　　（　　　　　）
67. 民田　　（　　　　　）
68. 草野　　（　　　　　）
69. 失意　　（　　　　　）
70. 石油　　（　　　　　）

※ 〈보기〉의 뜻을 참고하여 ○안에 공통으로 들어갈 한자를 쓰시오.

71. (1) 問○　　(2) ○室　　　（　　　　　）

〈보기〉	(1) 다치거나 앓는 사람을 찾아가 위로함. (2) 병을 치료하기 위하여 환자가 지내는 방.

72. (1) ○弱　　(2) ○軍　　　（　　　　　）

〈보기〉	(1) 강하고 약함. (2) 힘이 센 군대.

73. (1) 發○　　(2) 淸○　　　（　　　　　）

〈보기〉	(1) 아직까지 없던 기술이나 물건을 새로 생각하여 만들어 냄. (2) 날씨가 맑고 밝음.

※ ○안에 공통으로 들어갈 한자를 〈보기〉에서 찾아 쓰시오.

〈보기〉	各　永　和　放　銀

74. 金○　○行　○色　（　　　）
75. 平○　○音　○合　（　　　）
76. ○學　○電　○心　（　　　）

※ 문장에서 잘못 쓴 한자를 바르게 고쳐 쓰시오. (단, 음이 같은 한자로 고칠 것)

77. 부모님의 半對를 무릅쓰고 혼자 여행을 떠났다가 사고를 당했다. （　　→　　）
78. 이곳을 오가는 차들이 많아져서 조만간 度路가 확장될 예정이다. （　　→　　）

※ [　]안의 단어를 한자로 쓰시오.

79. 어머니는 자식들 때문에 하루도 마음이 [**편안**]할 날이 없다. （　　　）
80. 우리 동네에 중고차 [**시장**]이 들어섰다. （　　　）
81. 남에게 돈을 빌리면 원금은 물론 [**이자**]도 갚아야 한다. （　　　）
82. 세계의 자연은 개발이라는 [**미명**]하에 파괴되고 있다. （　　　）
83. 친구에게 전화를 걸었는데 [**통화**] 중이었다. （　　　）

※ [　]안의 한자어 독음을 한글로 쓰시오.

84. 그는 불우한 [環境] 속에서도 좌절하지 않고 열심히 살았다. （　　　）
85. 공업용 폐수가 하천 오염의 주된 [原因]으로 분석되었다. （　　　）
86. [快適]한 아침 공기에 기분이 좋아졌다. （　　　）
87. [家庭]교육을 제대로 받은 사람이라면 저렇게 무례한 행동을 할 리가 없다. （　　　）
88. 서울 인구를 분산하기 위해 여러 [衛星] 도시가 개발되었다. （　　　）
89. 사람의 성격은 가정 환경이나 성장 [背景]과 밀접히 연관되어 있다. （　　　）
90. [氣溫]의 일교차가 심한 때에는 감기에 걸리지 않도록 조심해야 한다. （　　　）
91. 새로 취임한 대통령은 치안, 국방, 경제 개혁에 힘쓰는 [政治]를 보여주겠다고 연설하였다. （　　　）
92. 여러 회사의 청소기 가격과 품질을 [比較]하고 그 중에 하나를 구매하였다. （　　　）
93. 이 책에는 재미있는 [俗談]이 많이 실려 있다. （　　　）
94. 이모는 직장을 옮기면서 월 [收入]이 전보다 늘었다고 좋아했다. （　　　）
95. 그는 취직하고 나서 [獨立]하여 혼자 살고 있다. （　　　）
96. 주 5일 근무제가 정착되면서 [餘暇] 활동에 대한 관심이 높아지고 있다. （　　　）
97. [固有語]로 된 지명을 조사해보았다. （　　　）
98. 올해 봄은 [降水量]이 적고 가물었다. （　　　）

※ 한자성어의 설명을 읽고 ○안에 들어갈 한자를 쓰시오.

99. ○面○生　　（　　,　　）

[**백면서생**] 글만 읽고 세상일에는 전혀 경험이 없는 사람.

100. ○子○日　　（　　,　　）

[**효자애일**] 효자는 날을 아낀다는 뜻으로, 가능한 오래 부모에게 효성을 다하고자 함을 이르는 말.

- 수고하셨습니다 -

한자실력급수 자격시험 **5급** 연습문제 〈10〉

객관식 (1~30번)

※ [ ] 안의 한자와 음(소리)이 같은 한자는?
1. [米] ① 淸 ② 美 ③ 竹 ④ 明
2. [原] ① 和 ② 元 ③ 消 ④ 夏
3. [場] ① 品 ② 詩 ③ 刀 ④ 章
4. [示] ① 神 ② 半 ③ 始 ④ 才
5. [計] ① 界 ② 英 ③ 音 ④ 見

※ [ ] 안의 한자의 뜻으로 알맞은 것은?
6. [淸] ① 죽다 ② 곧다 ③ 맑다 ④ 가다
7. [秋] ① 걸음 ② 과실 ③ 그림 ④ 가을
8. [貝] ① 조개 ② 차례 ③ 지경 ④ 처음

※ [ ] 안의 한자와 뜻이 비슷하거나 같은 한자는?
9. [安] ① 野 ② 便 ③ 度 ④ 式
10. [衣] ① 速 ② 友 ③ 太 ④ 服

※ [ ] 안의 한자와 뜻이 반대되거나 상대되는 한자는?
11. [強] ① 弱 ② 藥 ③ 洋 ④ 成
12. [遠] ① 席 ② 近 ③ 童 ④ 郡

※ 〈보기〉의 단어들과 가장 관련이 깊은 한자는?

13.
〈보기〉	사과	단풍	은행

　　① 別 ② 作 ③ 樹 ④ 功

14.
〈보기〉	물	우유	보리차

　　① 犬 ② 飮 ③ 朴 ④ 李

15.
〈보기〉	얼음	고드름	눈썰매

　　① 多 ② 晝 ③ 頭 ④ 冬

※ [ ] 안의 한자어의 독음(소리)으로 알맞은 것은?
16. [戰爭] ① 전쟁 ② 투쟁 ③ 당쟁 ④ 언쟁
17. [單位] ① 고위 ② 지위 ③ 단위 ④ 상위
18. [妥協] ① 타구 ② 타력 ③ 타당 ④ 타협
19. [情報] ① 정보 ② 상보 ③ 기보 ④ 도보
20. [超過] ① 초월 ② 초과 ③ 초조 ④ 초대

※ [ ] 안의 한자어의 뜻으로 알맞은 것은?
21. [獨立]
① 공손히 받들어 모심.
② 아주 부지런함.
③ 남의 힘을 입지 않고 홀로 섬.
④ 환경을 훼손하는 일.

22. [建國]
① 나라를 세움.
② 한 가족이 생활하는 집.
③ 열을 가함.
④ 일정한 수나 한도를 넘음.

23. [微笑]
① 여럿 가운데서 골라 뽑음.
② 일정한 범위에 흩어져 퍼짐.
③ 소리 내지 않고 빙긋이 웃음.
④ 부피가 썩 큰 돌. 바위.

24. [自由]
① 다른 사람과 앞으로의 일을 어떻게 할 것인가
　를 미리 정하여 둠.
② 자갈, 모래, 진흙 따위가 지표나 물 밑에 퇴적
　하여 이룬 층.
③ 어떤 일을 행하거나 타인에 대하여 당연히 요
　구할 수 있는 힘이나 자격.
④ 남에게 구속을 받거나 무엇에 얽매이지 않고
　자기 마음대로 행동함.

25. [種類]
① 일이 없어 남는 시간.
② 사물의 부문을 나누는 갈래.
③ 물에 덮이지 않은 지구 표면.
④ 나라를 다스리는 일.

※ [ ] 안에 들어갈 한자어로 알맞은 것은?
26. 온 가족이 함께 관람한 뮤지컬[ ]은 매우 감
　동적이었다.
　　① 聯想 ② 公演 ③ 縮尺 ④ 肯定
27. 학생들은 조회 시간에 애국가를 [ ]했다.
　　① 障碍 ② 巖石 ③ 恭敬 ④ 合唱
28. 환경 변화에 [ ]하지 못한 생물은 멸종된다.
　　① 基準 ② 解決 ③ 適應 ④ 汚染

29. 그는 [ ] 시간에 취미로 다양한 빵을 만든다.
　① 餘暇　② 投資　③ 描寫　④ 便紙
30. 가족과 함께 해외 [ ]을 다녀왔다.
　① 背景　② 文脈　③ 氣溫　④ 旅行

주관식 (31~100번)

※ 한자의 훈(뜻)과 음(소리)을 한글로 쓰시오.
31. 勝　(　　　　)
32. 高　(　　　　)
33. 路　(　　　　)
34. 根　(　　　　)
35. 孫　(　　　　)
36. 活　(　　　　)
37. 銀　(　　　　)
38. 番　(　　　　)
39. 直　(　　　　)
40. 春　(　　　　)

※ 훈과 음에 맞는 한자를 〈보기〉에서 찾아 쓰시오

〈보기〉	去 毛 田 共 習 無 聞 窓 油 短

41. 없을　무　(　　　)
42. 기름　유　(　　　)
43. 들을　문　(　　　)
44. 갈　　거　(　　　)
45. 짧을　단　(　　　)
46. 털　　모　(　　　)
47. 밭　　전　(　　　)
48. 함께　공　(　　　)
49. 익힐　습　(　　　)
50. 창문　창　(　　　)

※ 한자어의 독음을 한글로 쓰시오.
51. 等號　(　　　　)
52. 苦樂　(　　　　)
53. 新綠　(　　　　)
54. 村里　(　　　　)
55. 當時　(　　　　)
56. 夜間　(　　　　)
57. 朝會　(　　　　)
58. 親愛　(　　　　)
59. 發表　(　　　　)
60. 幸運　(　　　　)
61. 圖形　(　　　　)
62. 午後　(　　　　)
63. 讀者　(　　　　)
64. 話題　(　　　　)
65. 黃海　(　　　　)
66. 重言　(　　　　)
67. 昨年　(　　　　)
68. 體育　(　　　　)
69. 交信　(　　　　)
70. 通用　(　　　　)

※ 〈보기〉의 뜻을 참고하여 ○안에 공통으로 들어갈 한자를 쓰시오.

71. (1) 血○　(2) ○食　(　　　)

〈보기〉	(1) 피와 살. 또는 한 혈통으로 맺어진 육친. (2) 고기를 먹음.

72. (1) 所○　(2) 同○　(　　　)

〈보기〉	(1) 마음에 느낀 바. (2) 어떤 견해나 의견에 같은 생각을 가짐.

73. (1) ○始　(2) ○放　(　　　)

〈보기〉	(1) 행동이나 일 따위를 시작함. (2) 문이나 어떠한 공간 따위를 열어 자유롭게 드나들고 이용하게 함.

※ ○안에 공통으로 들어갈 한자를 〈보기〉에서 찾아 쓰시오.

〈보기〉	各　身　省　業　部

74. ○長　　○首　　○下　　（　　　）
75. 全○　　○心　　出○　　（　　　）
76. 學○　　失○　　本○　　（　　　）

※ **문장에서 잘못 쓴 한자를 바르게 고쳐 쓰시오. (단, 음이 같은 한자로 고칠 것)**

77. 부모님께 효도하는 것은 자식으로서 지켜야 할 당연한 道利이다.　　（　　　→　　　）
78. 우리들은 이번 행사에서 기대 이상의 成科를 올렸다.　　（　　　→　　　）

※ **[　]안의 단어를 한자로 쓰시오.**

79. [**서당**]에서 학동들의 책 읽는 소리가 낭랑하게 울려 퍼졌다.　　（　　　　　）
80. 그 두 사람은 서로 [**반목**]하고 질시하며 끊임없이 다투었다.　　（　　　　　）
81. 이곳은 우리 학교에서 경치가 [**제일**] 멋진 곳이다.　　（　　　　　）
82. 분단은 우리 [**민족**]에게 많은 시련과 손실을 가져왔다.　　（　　　　　）
83. [**성급**]하게 움직이면 일을 그르치기 쉽다.　　（　　　　　）

※ **[　]안의 한자어 독음을 한글로 쓰시오.**

84. 당국은 지역 [經濟]를 살리기 위해 관광 도로의 건설을 계획하고 있다.　　（　　　　）
85. 백자의 정결하고 투명한 빛깔과 [曲線]의 아름다움은 비할 바 없다.　　（　　　　）
86. 사라져가는 우리의 [傳統] 문화에 많은 관심을 기울여야 한다.　　（　　　　）
87. 그릇을 끓는 물로 [加熱]하여 소독하였다.　　（　　　　）

88. 그의 집은 겉모습이 퍽 [印象]적이다.　　（　　　　）
89. 자신의 적성에 맞는 직업을 [選擇]하는 것이 중요하다.　　（　　　　）
90. 이 지역은 연평균 [降水量]이 많은 편이다.　　（　　　　）
91. 배에서 탈출한 사람들이 [陸地]를 향해 헤엄쳤다.　　（　　　　）
92. 대기업들은 [尖端] 기술에 대한 투자를 증대하고 있다.　　（　　　　）
93. 재해로 인해 축제가 취소되면서 [觀光客]이 급격히 줄어들었다.　　（　　　　）
94. 시의 새로운 정책에 반대하는 시민들이 시장과의 [面談]을 요청하였다.　　（　　　　）
95. 어머니는 거스름돈을 [貯金]통에 넣어 모으신다.　　（　　　　）
96. 심판은 여러 차례 경기 [規則]을 어긴 선수를 결국 퇴장시켰다.　　（　　　　）
97. 막무가내로 고집을 세우는 그를 [說得]하기란 불가능했다.　　（　　　　）
98. [參政權]은 국민이 주권자로서 나라의 정치에 참여할 수 있는 권리이다.　　（　　　　）

※ **한자성어의 설명을 읽고 ○안에 들어갈 한자를 쓰시오.**

99. 人 ○ 在 ○　　　　（　　，　　）

[**인명재천**] 사람의 목숨은 하늘에 달려 있다는 뜻으로, 목숨의 길고 짧음은 사람의 힘으로 어쩔 수 없음을 이르는 말.

100. 不 ○○ 生　　　　（　　，　　）

[**불사영생**] 죽지 아니하고 영원토록 삶.

– 수고하셨습니다 –

한자실력급수 자격시험 5급 연습문제 <11>

객관식 (1~30번)

※ [ ] 안의 한자와 음(소리)이 같은 한자는?
1. [原] ① 當 ② 短 ③ 銀 ④ 元
2. [功] ① 急 ② 發 ③ 話 ④ 共
3. [郡] ① 號 ② 軍 ③ 血 ④ 失
4. [夏] ① 命 ② 林 ③ 下 ④ 章
5. [和] ① 花 ② 京 ③ 勇 ④ 運

※ [ ] 안의 한자의 뜻으로 알맞은 것은?
6. [犬] ① 강 ② 길 ③ 글 ④ 개
7. [品] ① 물건 ② 함께 ③ 재주 ④ 조개
8. [音] ① 고기 ② 제목 ③ 소리 ④ 머리

※ [ ] 안의 한자와 뜻이 비슷하거나 같은 한자는?
9. [村] ① 習 ② 里 ③ 路 ④ 者
10. [永] ① 示 ② 遠 ③ 形 ④ 業

※ [ ] 안의 한자와 뜻이 반대되거나 상대되는 한자는?
11. [祖] ① 孫 ② 友 ③ 速 ④ 通
12. [苦] ① 毛 ② 信 ③ 樂 ④ 用

※ <보기>의 단어들과 가장 관련이 깊은 한자는?

13. | <보기> | 살 | 가축 | 단백질 |
① 畫 ② 禮 ③ 式 ④ 肉

14. | <보기> | 별 | 달 | 어둠 |
① 洋 ② 朴 ③ 李 ④ 夜

15. | <보기> | 꼬막 | 바지락 | 홍합 |
① 貝 ② 英 ③ 別 ④ 魚

※ [ ] 안의 한자어의 독음(소리)으로 알맞은 것은?
16. [背景] ① 반경 ② 북경 ③ 배경 ④ 비경
17. [討議] ① 촌의 ② 토의 ③ 논의 ④ 언의
18. [態度] ① 능도 ② 태도 ③ 심도 ④ 진도
19. [合唱] ① 합창 ② 합일 ③ 합일 ④ 합주
20. [餘暇] ① 휴가 ② 공가 ③ 여가 ④ 정가

※ [ ] 안의 한자어의 뜻으로 알맞은 것은?
21. [基準]
① 돈을 모아 둠.
② 기분이 상쾌하고 즐거움.
③ 사물을 있는 그대로 그려냄.
④ 기본이 되는 표준.
22. [區分]
① 따로따로 갈라서 나눔.
② 뒤쪽의 경치.
③ 잎이 넓은 나무의 종류.
④ 소리 내지 않고 빙긋이 웃음.
23. [以上]
① 자기가 마땅히 하여야 할 맡은 바 직책이나 임무.
② 제기된 문제를 해명하거나 얽힌 일을 잘 처리함.
③ 수량이나 정도가 일정한 기준보다 더 많거나 나음.
④ 둘 이상의 것에서 마음에 드는 것을 골라 뽑음.
24. [說得]
① 일이나 유람을 목적으로 다른 고장이나 다른 나라에 가는 일.
② 상대편이 이쪽 편의 이야기를 따르도록 여러 가지로 깨우쳐 말함.
③ 무한한 시간과 만물을 포함하고 있는 끝없는 공간의 총체.
④ 다니던 학교에서 다른 학교로 학적을 옮겨 가서 배움.
25. [結果]
① 일이 진척되는 과정이나 정도.
② 일정한 범위에 흩어져 퍼짐.
③ 사물의 순서나 차례.
④ 어떤 원인으로 결말이 생김.

※ [ ] 안에 들어갈 한자어로 알맞은 것은?
26. 우리 동네 박물관에 있는 [ ]를 살펴보았다.
① 博覽會 ② 團體 ③ 政治 ④ 文化財
27. 그 공연은 여러 [ ]의 소리가 조화롭게 어우러진 훌륭한 연주회였다.
① 超過 ② 障碍 ③ 樂器 ④ 單位
28. 태풍 때문에 [ ]로 가는 여객선 운항이 중단되었다.
① 種類 ② 陸地 ③ 秩序 ④ 投票

29. 모두가 [   ]하여 공동의 목표를 달성했다.
　　① 協同　② 尖端　③ 加熱　④ 降水量
30. 잎이 뾰족한 나무를 [   ]라고 한다.
　　① 針葉樹 ② 自由　③ 歷史　④ 太陽系

주관식 (31~100번)

※ 한자의 훈(뜻)과 음(소리)을 한글로 쓰시오.

31. 近　　（　　　　　　　）
32. 放　　（　　　　　　　）
33. 步　　（　　　　　　　）
34. 第　　（　　　　　　　）
35. 開　　（　　　　　　　）
36. 幸　　（　　　　　　　）
37. 神　　（　　　　　　　）
38. 意　　（　　　　　　　）
39. 在　　（　　　　　　　）
40. 米　　（　　　　　　　）

※ 훈과 음에 맞는 한자를 〈보기〉에서 찾아 쓰시오.

〈보기〉	身 去 死 首 交 席 無 番 理 始

41. 자리　　석　（　　　　　）
42. 사귈　　교　（　　　　　）
43. 없을　　무　（　　　　　）
44. 차례　　번　（　　　　　）
45. 처음　　시　（　　　　　）
46. 갈　　　거　（　　　　　）
47. 죽을　　사　（　　　　　）
48. 머리　　수　（　　　　　）
49. 다스릴　리　（　　　　　）
50. 몸　　　신　（　　　　　）

※ 한자어의 독음을 한글로 쓰시오.

51. 大成　　　（　　　　　　　）

52. 韓服　　（　　　　　　　）
53. 書堂　　（　　　　　　　）
54. 言語　　（　　　　　　　）
55. 頭巾　　（　　　　　　　）
56. 美風　　（　　　　　　　）
57. 圖表　　（　　　　　　　）
58. 竹刀　　（　　　　　　　）
59. 勝利　　（　　　　　　　）
60. 新聞　　（　　　　　　　）
61. 草綠　　（　　　　　　　）
62. 朝野　　（　　　　　　　）
63. 電光　　（　　　　　　　）
64. 淸明　　（　　　　　　　）
65. 愛讀　　（　　　　　　　）
66. 根本　　（　　　　　　　）
67. 小食　　（　　　　　　　）
68. 病弱　　（　　　　　　　）
69. 名藥　　（　　　　　　　）
70. 直線　　（　　　　　　　）

※ 〈보기〉의 뜻을 참고하여 ○안에 공통으로 들어갈 한자를 쓰시오.

71. (1) 東○　　(2) ○門　　　　（　　　　　）

〈보기〉	(1) 동쪽으로 난 창. (2) 공기나 햇빛을 받을 수 있고, 밖을 내다 볼 수 있도록 벽이나 지붕에 낸 문.

72. (1) 石○　　(2) ○田　　　　（　　　　　）

〈보기〉	(1) 땅속에서 천연으로 나는 가연성 기름. (2) 석유가 나는 곳.

73. (1) 事○　　(2) 先○　　　　（　　　　　）

〈보기〉	(1) 일이 끝난 뒤. 또는 일을 끝낸 뒤. (2) 먼저와 나중을 아울러 이르는 말.

※ ○안에 공통으로 들어갈 한자를 <보기>에서 찾아 쓰시오.

<보기>	黃 科 行 族 對

74. 親○   民○   家○   (   )
75. ○金   ○色   ○土   (   )
76. 內○   ○學   ○目   (   )

※ 문장에서 잘못 쓴 한자를 바르게 고쳐 쓰시오. (단, 음이 같은 한자로 고칠 것)

77. 어제 동생을 미워하여 못되게 행동한 것을 半省하고 후회하였다.   (→   )
78. 내가 좋아하는 童時의 한 구절을 친구에게 낭송해주었다.   (→   )

※ [   ]안의 단어를 한자로 쓰시오.

79. 우리 언니는 [고등]학생이다. (   )
80. 날씨가 서늘해져서 [춘추]복으로 갈아입었다. (   )
81. 우리 오빠만큼 여러 분야에서 [다재]다능한 사람도 드물다. (   )
82. 이 옷은 [작년]에 산 것이다. (   )
83. 발을 다쳐서 걷기가 몹시 [불편]하다. (   )

※ [   ]안의 한자어 독음을 한글로 쓰시오.

84. 소수의 의견도 [尊重]해야 한다. (   )
85. 그는 [經驗]이 부족하여 아직은 일하는 솜씨가 서툴다. (   )
86. 사물놀이 [公演]이 끝나자 박수가 쏟아졌다. (   )
87. 시민 [團體]는 사회와 국가의 발전을 위한 자발적인 시민들의 모임을 말한다. (   )
88. 이 지도의 [縮尺]은 20,000분의 1이다. (   )
89. 나는 이 영화의 주제곡에 가장 깊은 [印象]을 받았다. (   )
90. 우리는 여러 차례 토론을 거쳐 의견 [統一]을 이루어냈다. (   )
91. 일제의 탄압 속에서도 [獨立] 운동은 멈추지 않았다. (   )
92. 탁 트인 바다로 떠나는 [想像]만으로도 행복하다. (   )
93. 이 복권은 1등 당첨 상금이 매우 크지만 당첨될 [確率]은 아주 낮다. (   )
94. 사과와 배를 [比較]하여 같은 점과 다른 점을 나열해보았다. (   )
95. 우리는 각자의 [役割]에 최선을 다할 것을 다짐했다. (   )
96. 환절기에는 낮과 밤의 [氣溫] 차가 심하다. (   )
97. 나는 그녀와 만날 시간과 장소를 [約束]하고 전화를 끊었다. (   )
98. 그 집은 생활하기에 매우 [快適]한 조건을 갖추고 있다. (   )

※ 한자성어의 설명을 읽고 ○안에 들어갈 한자를 쓰시오.

99. ○○三日   (,   )

[작심삼일] 단단히 먹은 마음이 사흘을 가지 못한다는 뜻으로, 결심이 굳지 못함을 이르는 말.

100. ○物○心   (,   )

[견물생심] 어떠한 실물을 보게 되면 그것을 가지고 싶은 욕심이 생김.

- 수고하셨습니다 -

한자실력급수 자격시험 **5급** 연습문제 〈12〉

객관식 (1~30번)

※ [　] 안의 한자와 음(소리)이 같은 한자는?

1. [詩]　① 示　② 貝　③ 在　④ 等
2. [科]　① 果　② 黃　③ 圖　④ 苦
3. [冬]　① 陽　② 太　③ 綠　④ 童
4. [計]　① 根　② 言　③ 界　④ 樂
5. [反]　① 和　② 半　③ 夏　④ 神

※ [　] 안의 한자의 뜻으로 알맞은 것은?

6. [毛]　① 소　② 손　③ 털　④ 벗
7. [見]　① 보다　② 가다　③ 오다　④ 바다
8. [元]　① 기름　② 으뜸　③ 바람　④ 물건

※ [　] 안의 한자와 뜻이 비슷하거나 같은 한자는?

9. [文]　① 各　② 郡　③ 省　④ 章
10. [道]　① 後　② 英　③ 病　④ 路

※ [　] 안의 한자와 뜻이 반대되거나 상대되는 한자는?

11. [遠]　① 親　② 近　③ 弱　④ 功
12. [去]　① 強　② 對　③ 來　④ 野

※ 〈보기〉의 단어들과 가장 관련이 깊은 한자는?

13.

〈보기〉	장미	봉숭아	해바라기

　　① 花　② 急　③ 銀　④ 體

14.

〈보기〉	벚꽃	황사	개나리

　　① 者　② 習　③ 春　④ 形

15.

〈보기〉	커피	주스	우유

　　① 話　② 命　③ 失　④ 飮

※ [　] 안의 한자어의 독음(소리)으로 알맞은 것은?

16. [轉學]　① 개학　② 전학　③ 방학　④ 면학
17. [環境]　① 환경　② 지경　③ 옥경　④ 원경
18. [自由]　① 자만　② 자재　③ 자신　④ 자유
19. [選擧]　① 선학　② 선거　③ 선여　④ 선수
20. [曲線]　① 곡선　② 직선　③ 실선　④ 점선

※ [　] 안의 한자어의 뜻으로 알맞은 것은?

21. [勤勉]
　① 수량을 셈.
　② 열이나 전기를 잘 전달하는 물체.
　③ 부지런히 일하며 힘씀.
　④ 사물의 조리 또는 순서나 차례.

22. [協同]
　① 남의 힘을 입지 않고 홀로 섬.
　② 열을 가함.
　③ 서로 마음과 힘을 하나로 합함.
　④ 어떤 문제를 검토하고 협의함.

23. [恭敬]
　① 잎이 넓은 나무의 종류.
　② 어떤 원인으로 결말이 생김.
　③ 권세와 이익.
　④ 공손히 받들어 모심.

24. [描寫]
　① 사물을 있는 그대로 그려냄.
　② 일정한 범위에 흩어져 퍼짐.
　③ 세상에 널리 알림.
　④ 종류에 따라서 나눔.

25. [餘韻]
　① 인류 사회의 변천과 흥망의 과정.
　② 아직 가시지 않고 남아 있는 운치.
　③ 일이 진척되는 과정이나 정도.
　④ 기분이 상쾌하고 즐거움.

※ [　] 안에 들어갈 한자어로 알맞은 것은?

26. 지도에 나타난 [　]을 계산하면 실제 거리를
　　알 수 있다.
　　① 役割　② 縮尺　③ 稅金　④ 建國
27. 이번 [　]에는 판소리의 명인이 다수 참여한다.
　　① 快適　② 收入　③ 約束　④ 公演
28. 우리는 옳고 그른 일들을 [　]할 줄 알아야
　　한다.
　　① 區分　② 經驗　③ 背景　④ 政治

29. [　]은 인류에게 이루 다 말할 수 없는 고통을 준다.
    ① 旅行　② 季節　③ 戰爭　④ 印象
30. 허위 [　]로 피해를 본 사람이 많다.
    ① 廣告　② 社會　③ 宇宙　④ 比較

주관식 (31~100번)

※ 한자의 훈(뜻)과 음(소리)을 한글로 쓰시오.

31. 消　（　　　　）
32. 愛　（　　　　）
33. 犬　（　　　　）
34. 死　（　　　　）
35. 永　（　　　　）
36. 服　（　　　　）
37. 別　（　　　　）
38. 音　（　　　　）
39. 美　（　　　　）
40. 無　（　　　　）

※ 훈과 음에 맞는 한자를 <보기>에서 찾아 쓰시오.

<보기>	刀　才　多　田　竹　開　淸　理　族　朝

41. 다스릴　리　（　　　）
42. 맑을　　청　（　　　）
43. 대/대나무　죽　（　　　）
44. 많을　　다　（　　　）
45. 겨레　　족　（　　　）
46. 칼　　　도　（　　　）
47. 재주　　재　（　　　）
48. 열　　　개　（　　　）
49. 아침　　조　（　　　）
50. 밭　　　전　（　　　）

※ 한자어의 독음을 한글로 쓰시오.

51. 原油　（　　　　）
52. 意表　（　　　　）
53. 交友　（　　　　）
54. 勇力　（　　　　）
55. 新年　（　　　　）
56. 通信　（　　　　）
57. 作家　（　　　　）
58. 高手　（　　　　）
59. 長魚　（　　　　）
60. 車窓　（　　　　）
61. 洋藥　（　　　　）
62. 上京　（　　　　）
63. 短身　（　　　　）
64. 頭部　（　　　　）
65. 白米　（　　　　）
66. 發明　（　　　　）
67. 不幸　（　　　　）
68. 育成　（　　　　）
69. 放心　（　　　　）
70. 孫子　（　　　　）

※ <보기>의 뜻을 참고하여 ○안에 공통으로 들어갈 한자를 쓰시오.

71. (1) 勝○　　(2) ○用　　（　　　）

<보기>	(1) 겨루어서 이김. (2) 대상을 필요에 따라 이롭게 씀.

72. (1) 食○　　(2) 性○　　（　　　）

<보기>	(1) 사람이 일상적으로 섭취하는 음식품. (2) 사람의 성질이나 됨됨이.

73. (1) 秋○　　(2) ○速　　（　　　）

<보기>	(1) 가을바람. (2) 바람의 속도.

※ ○안에 공통으로 들어갈 한자를 <보기>에서 찾아 쓰시오.

<보기>	共 首 番 步 夜

74. 晝○   前○   ○間   (   )
75. ○有   ○生   ○感   (   )
76. ○號   當○   ○外   (   )

※ 문장에서 잘못 쓴 한자를 바르게 고쳐 쓰시오.
(단, 음이 같은 한자로 고칠 것)

77. 수업을 시작하기 전에 出夕을 확인하였다.
(→   )

78. 글이나 그림의 第目을 보면 작품의 주제를 이해하기 쉽다.   (→   )

※ [ ]안의 단어를 한자로 쓰시오.

79. 그는 건강을 회복하면서 [혈색]이 좋아졌다.
(   )

80. 정부는 새로운 정책 [사업]을 시행하였다.
(   )

81. 강아지는 아침부터 [활기]가 넘쳤다.
(   )

82. 사람들은 아파 봐야 건강의 [소중]함을 안다.
(   )

83. 신랑과 신부가 입장하면서 [예식]이 시작되었다.
(   )

※ [ ]안의 한자어 독음을 한글로 쓰시오.

84. 선생님과 상담을 하고 나니 고민이 [解決]되었다.
(   )

85. 꼴찌인 우리 팀이 우승할 [確率]은 매우 낮다.
(   )

86. [汚染]된 물을 정화하기 위해서는 많은 시간과 자원이 요구된다.   (   )

87. 이번 과학 숙제는 날씨에 관한 [俗談]을 알아 오는 것이다.   (   )

88. 이 보석은 보는 [角度]에 따라 색깔이 달리 보인다.   (   )

89. 스승의 날을 맞아 선생님께 감사의 [便紙]를 썼다.   (   )

90. 우리는 필요한 [情報]를 얻기 위해 도서관을 방문하였다.   (   )

91. 올림픽은 [地球村] 최대의 스포츠 행사이다.
(   )

92. 여러 물질을 [加熱]하여 다양한 변화를 관찰하였다.   (   )

93. 그의 옷매무새는 늘 [端正]하여 깔끔한 인상을 준다.   (   )

94. 그의 도전적인 삶은 [障碍]가 있는 사람들에게 희망을 주었다.   (   )

95. 미래에 내가 살고 싶은 집을 [想像]하여 모형으로 만들어봤다.   (   )

96. 우주 탐사를 통해 화성의 토양과 [巖石] 등의 귀중한 사진 자료를 볼 수 있게 되었다.
(   )

97. 무분별한 인터넷 신조어와 외래어 사용을 자제하고 [標準語]를 사용하기 위해 노력해야 한다.
(   )

98. 울릉도의 연 [降水量]의 상당수는 적설량이다.
(   )

※ 한자성어의 설명을 읽고 ○안에 들어갈 한자를 쓰시오.

99. 月○ 讀○   (,   )

[월광독서] 달빛으로 책을 읽는다는 뜻으로, 가난 속에서 어렵게 공부함을 이르는 말.

100. 九 ○○ 下   (,   )

[구천직하] 하늘 위에서 땅을 향하여 일직선으로 떨어진다는 뜻으로, 거침없는 형세를 이르는 말.

- 수고하셨습니다 -

한자실력급수 자격시험 5급 연습문제 <13>

객관식 (1~30번)

※ [　] 안의 한자와 음(소리)이 같은 한자는?
1. [路] ① 元 ② 老 ③ 族 ④ 始
2. [李] ① 英 ② 里 ③ 功 ④ 各
3. [才] ① 畫 ② 犬 ③ 窓 ④ 在
4. [信] ① 銀 ② 形 ③ 新 ④ 對
5. [朝] ① 祖 ② 冬 ③ 感 ④ 藥

※ [　] 안의 한자의 뜻으로 알맞은 것은?
6. [業] ① 벗 ② 겉 ③ 일 ④ 피
7. [夜] ① 밤 ② 개 ③ 쌀 ④ 몸
8. [光] ① 봄 ② 빛 ③ 활 ④ 법

※ [　] 안의 한자와 뜻이 비슷하거나 같은 한자는?
9. [堂] ① 示 ② 別 ③ 魚 ④ 室
10. [言] ① 運 ② 童 ③ 永 ④ 語

※ [　] 안의 한자와 뜻이 반대되거나 상대되는 한자는?
11. [死] ① 田 ② 活 ③ 幸 ④ 界
12. [強] ① 弱 ② 番 ③ 第 ④ 理

※ <보기>의 단어들과 가장 관련이 깊은 한자는?

13.
<보기>	빨강	노랑	파랑

① 聞 ② 無 ③ 色 ④ 去

14.
<보기>	풀	이끼	엽록소

① 綠 ② 章 ③ 短 ④ 題

15.
<보기>	길	산책	걸음마

① 春 ② 步 ③ 孫 ④ 花

※ [　] 안의 한자어의 독음(소리)으로 알맞은 것은?
16. [旅行] ① 만행 ② 기행 ③ 여행 ④ 방행
17. [地震] ① 지우 ② 지뢰 ③ 지하 ④ 지진
18. [氣溫] ① 미온 ② 기온 ③ 비온 ④ 치온
19. [團體] ① 단체 ② 전체 ③ 일체 ④ 대체
20. [約束] ① 약송 ② 약동 ③ 약목 ④ 약속

※ [　] 안의 한자어의 뜻으로 알맞은 것은?
21. [恭敬]
① 서로 만나서 이야기를 나눔.
② 사물을 있는 그대로 그려냄.
③ 공손히 받들어 모심.
④ 부지런히 일하며 힘씀.
22. [合唱]
① 사랑을 구하는 행동.
② 여러 사람이 목소리를 맞추어서 노래를 부름.
③ 온 세계를 둘러싸고 있는 공간.
④ 열을 가함.
23. [社會]
① 일정한 범위에 흩어져 퍼짐.
② 나라를 세움.
③ 물에 덮이지 않은 지구표면, 땅.
④ 같은 무리끼리 모여 이루는 집단.
24. [降水量]
① 일정한 기준에 따라 전체를 몇 개로 갈라 나눔.
② 사물을 상대적으로 나누어 구분함.
③ 비, 눈, 우박 등으로 지상에 내린 물의 총량.
④ 행성의 인력에 의하여 그 둘레를 도는 천체.
25. [慣用表現]
① 둘 이상의 단어가 고정적으로 결합하여 원래의 뜻과는 다른 새로운 뜻으로 굳어져 쓰는 표현.
② 땅속의 급격한 변화로 땅이 흔들리거나 갈라지는 현상.
③ 생물에게 직접・간접으로 영향을 주는 자연적 조건이나 사회적 상황.
④ 규칙적으로 되풀이되는 자연현상에 따라서 일년을 구분한 것.

※ [　] 안에 들어갈 한자어로 알맞은 것은?
26. 신발을 세는 [　]는 '켤레'이다.
① 太陽系 ② 經濟 ③ 單位 ④ 司法府
27. 사람은 [　]과 더불어 살아가야 한다.
① 勤勉 ② 解決 ③ 區分 ④ 自然
28. 이 그림은 내가 우주를 여행하는 모습을 [　]하여 그린 것이다.
① 傳統 ② 想像 ③ 戰爭 ④ 背景

29. 다리가 아파서 더 [   ] 걸을 수 없었다.
　　① 以上　② 俗談　③ 建國　④ 季節
30. 물을 [   ]하면 기체가 되어 증발한다.
　　① 肯定　② 確率　③ 工程　④ 加熱

주관식 (31~100번)

※ 한자의 훈(뜻)과 음(소리)을 한글로 쓰시오.

31. 洋　（　　　　　　）
32. 身　（　　　　　　）
33. 作　（　　　　　　）
34. 品　（　　　　　　）
35. 刀　（　　　　　　）
36. 毛　（　　　　　　）
37. 油　（　　　　　　）
38. 黃　（　　　　　　）
39. 愛　（　　　　　　）
40. 等　（　　　　　　）

※ 훈과 음에 맞는 한자를 〈보기〉에서 찾아 쓰시오.

〈보기〉	風 高 夏 者 意 便 淸 秋 頭 通

41. 머리　　　두　（　　　　）
42. 뜻　　　　의　（　　　　）
43. 가을　　　추　（　　　　）
44. 맑을　　　청　（　　　　）
45. 편할　　　편　（　　　　）
46. 통할　　　통　（　　　　）
47. 높을　　　고　（　　　　）
48. 놈/사람　자　（　　　　）
49. 바람　　　풍　（　　　　）
50. 여름　　　하　（　　　　）

※ 한자어의 독음을 한글로 쓰시오.

51. 大成　　（　　　　　　）
52. 答禮　　（　　　　　　）

53. 野外　　　（　　　　　　　　）
54. 軍服　　　（　　　　　　　　）
55. 本性　　　（　　　　　　　　）
56. 重病　　　（　　　　　　　　）
57. 後記　　　（　　　　　　　　）
58. 漢詩　　　（　　　　　　　　）
59. 農村　　　（　　　　　　　　）
60. 當日　　　（　　　　　　　　）
61. 竹林　　　（　　　　　　　　）
62. 昨今　　　（　　　　　　　　）
63. 多少　　　（　　　　　　　　）
64. 見習　　　（　　　　　　　　）
65. 敎科　　　（　　　　　　　　）
66. 全部　　　（　　　　　　　　）
67. 名號　　　（　　　　　　　　）
68. 郡邑　　　（　　　　　　　　）
69. 貝物　　　（　　　　　　　　）
70. 失神　　　（　　　　　　　　）

※ 〈보기〉의 뜻을 참고하여 ○안에 공통으로 들어갈 한자를 쓰시오.

71. (1) 和○　　(2) 發○　　　　（　　　　）

〈보기〉	(1) 높이가 다른 둘 이상의 음이 함께 울릴 때 어울리는 소리. (2) 음성을 냄. 또는 그 음성.

72. (1) 時○　　(2) ○所　　　　（　　　　）

〈보기〉	(1) 시각을 다툴 만큼 몹시 절박하고 급함. (2) 조금만 다쳐도 생명에 지장을 주는 몸의 중요한 부분.

73. (1) 心○　　(2) ○肉　　　　（　　　　）

〈보기〉	(1) 심장의 피. 또는 마음과 힘을 아울러 이르는 말. (2) 부모, 자식, 형제 따위의 한 혈통으로 맺어진 육친.

※ ○안에 공통으로 들어갈 한자를 〈보기〉에서 찾아 쓰시오.

〈보기〉	半　直　明　放　近

74. 正○　○線　○前　（　　　）
75. ○學　○火　○出　（　　　）
76. ○代　遠○　○來　（　　　）

※ 문장에서 잘못 쓴 한자를 바르게 고쳐 쓰시오. (단, 음이 같은 한자로 고칠 것)

77. 고속도로에서는 규정 速圖를 지켜야 한다.
（　　→　　）
78. 화재에 대비해 건물 곳곳에 小火기가 비치되어 있다. （　　→　　）

※ [　]안의 단어를 한자로 쓰시오.

79. 그는 지금의 한 수로 이번 대국의 [승리]를 확신했다. （　　　）
80. 헌법에는 모든 국민이 평등하다는 것이 [명시]되어 있다. （　　　）
81. 친구에게 [전화]를 걸었다. （　　　）
82. 병이 회복될 때까지 [미음]을 먹었다. （　　　）
83. 너는 잘했느냐는 그의 [반문]에 나는 대답할 수 없었다. （　　　）

※ [　]안의 한자어 독음을 한글로 쓰시오.

84. 모둠별로 소방서, 동사무소와 같은 [公共]기관을 방문하고 직원들에게 인터뷰를 요청하였다. （　　　）
85. 모두가 지켜야 할 [基準]을 정했다. （　　　）
86. 자동차 사고의 [原因]을 분석하기 위해 전문가 조사가 진행되었다. （　　　）
87. 짝짓기를 위한 동물들의 [求愛行動]은 다양하다. （　　　）
88. 소나무는 [針葉樹]이다. （　　　）
89. 야구 경기에는 어떤 [規則]이 있는지 알아보았다. （　　　）
90. 새로운 환경에 [適應]하면서 많은 친구를 사귀었다. （　　　）
91. 산에서 여러 [種類]의 곤충을 관찰할 수 있었다. （　　　）
92. 아버지는 [結果]보다 과정을 중시하셨다. （　　　）
93. 극장이나 축구장 같이 사람이 많이 모이는 곳일수록 [秩序]를 잘 지켜야 한다. （　　　）
94. 글을 쓰기 전에 글을 쓰는 목적에 맞는 글감을 잘 [選擇]해야 한다. （　　　）
95. 어머니는 건강을 위해 [餘暇] 시간에 텃밭을 가꾸고 채식을 하셨다. （　　　）
96. 친구들과 지구 온난화 문제를 극복하기 위한 다양한 방법에 대해서 [討議]하였다. （　　　）
97. 지도에 나타난 [縮尺]을 계산하면 실제 거리를 알 수 있다. （　　　）
98. 그녀는 신비로운 [宇宙]에 매력을 느낀 나머지 천문학자가 되기로 마음먹었다. （　　　）

※ 한자성어의 설명을 읽고 ○안에 들어갈 한자를 쓰시오.

99. 八○○人 （　　,　　）

[팔방미인] 어느 모로 보나 아름다운 사람. 또는 여러 방면에 능통한 사람.

100. 同○同○ （　　,　　）

[동고동락] 괴로움도 즐거움도 함께함.

- 수고하셨습니다 -

한자실력급수 자격시험 5급 연습문제 〈14〉

객관식 (1~30번)

※ [　] 안의 한자와 음(소리)이 같은 한자는?

1. [始]　① 會　② 行　③ 活　④ 示
2. [田]　① 速　② 全　③ 路　④ 刀
3. [第]　① 題　② 等　③ 步　④ 高
4. [話]　① 黃　② 言　③ 樂　④ 和
5. [信]　① 李　② 血　③ 神　④ 者

※ [　] 안의 한자의 뜻으로 알맞은 것은?

6. [村]　① 자리　② 나무　③ 마을　④ 이름
7. [風]　① 걸음　② 목숨　③ 처음　④ 바람
8. [昨]　① 어제　② 오늘　③ 내일　④ 모레

※ [　] 안의 한자와 뜻이 비슷하거나 같은 한자는?

9. [號]　① 消　② 名　③ 理　④ 失
10. [根]　① 番　② 本　③ 急　④ 郡

※ [　] 안의 한자와 뜻이 반대되거나 상대되는 한자는?

11. [晝]　① 夜　② 元　③ 首　④ 別
12. [祖]　① 冬　② 章　③ 短　④ 孫

※ 〈보기〉의 단어들과 가장 관련이 깊은 한자는?

13.

〈보기〉	바퀴	자전거	자동차

　① 計　② 省　③ 運　④ 童

14.

〈보기〉	짝	친구	사귐

　① 友　② 銀　③ 功　④ 各

15.

〈보기〉	교사	의사	변호사

　① 習　② 朴　③ 禮　④ 業

※ [　] 안의 한자어의 독음(소리)으로 알맞은 것은?

16. [對應]　① 대처　② 대응　③ 대립　④ 대조
17. [廣告]　① 경고　② 황고　③ 광고　④ 횡고
18. [原因]　① 원곤　② 원대　③ 원수　④ 원인
19. [基準]　① 표준　② 기준　③ 토준　④ 모준
20. [規則]　① 견칙　② 법칙　③ 규칙　④ 반칙

※ [　] 안의 한자어의 뜻으로 알맞은 것은?

21. [比率]
　① 다른 수나 양에 대한 어떤 수나 양의 비.
　② 하나의 관념이 다른 관념을 불러일으키는 현상.
　③ 두 편이 서로 좋도록 절충하여 협의함.
　④ 사람의 손에 의하지 않고 있는 그대로의 상태.

22. [結果]
　① 다른 사람과 앞으로의 일을 미리 정함.
　② 여러 사람이 다 같이 지키기로 작정한 법칙.
　③ 자기가 마땅히 해야 할 맡은 바 임무.
　④ 어떤 원인으로 결말이 생김.

23. [超過]
　① 여러 사람이 목소리를 맞추어서 노래를 부름.
　② 어떤 일이나 사태에 맞추어 태도나 행동을 취함.
　③ 일정한 수나 한도 따위를 넘음.
　④ 물에 덮이지 않은 지구 표면. 땅.

24. [角度]
　① 수량이나 정도가 일정한 기준보다 더 많거나 나음.
　② 한 점에서 갈리어 나간 두 직선의 벌어진 정도.
　③ 상품이나 기술 따위를 외국으로 팔아 내보냄.
　④ 일이 진척되는 과정이나 정도.

25. [加熱]
　① 어떤 물질에 열을 가함.
　② 음악, 연극 따위를 많은 사람에게 보이는 일.
　③ 시대 사조, 학문, 유행 따위의 맨 앞장.
　④ 어떤 문제에 대하여 검토하고 협의함.

※ [　] 안에 들어갈 한자어로 알맞은 것은?

26. 정부는 국민들로부터 [　]을 받아 국가를 운영한다.
　① 縮尺　② 稅金　③ 確率　④ 季節

27. 아기의 [　]는 보는 것만으로도 기분이 좋다.
　① 文化財　② 討議　③ 微笑　④ 比較

28. 정부는 물가를 안정시키기 위해 새로운 [　] 정책을 시행하였다.
　① 經濟　② 情報　③ 餘暇　④ 單位

29. 선생님께서 옛 [　] 한 수를 읊어주셨다.
　① 權利　② 宇宙　③ 障碍　④ 時調

30. 여러 선물 중 하나만 [　]해서 받을 수 있었다.
　① 尖端　② 選擇　③ 想像　④ 公共

주관식 (31~100번)

※ 한자의 훈(뜻)과 음(소리)을 한글로 쓰시오.
31. 幸　　(　　　　　)
32. 窓　　(　　　　　)
33. 近　　(　　　　　)
34. 秋　　(　　　　　)
35. 重　　(　　　　　)
36. 野　　(　　　　　)
37. 太　　(　　　　　)
38. 朝　　(　　　　　)
39. 貝　　(　　　　　)
40. 命　　(　　　　　)

※ 훈과 음에 맞는 한자를 〈보기〉에서 찾아 쓰시오.

〈보기〉	在　多　京　美　夏　堂　苦　花　陽　讀

41. 집　　　　당　(　　　　)
42. 읽을　　　독　(　　　　)
43. 괴로울　　고　(　　　　)
44. 꽃　　　　화　(　　　　)
45. 많을　　　다　(　　　　)
46. 서울　　　경　(　　　　)
47. 아름다울　미　(　　　　)
48. 있을　　　재　(　　　　)
49. 볕　　　　양　(　　　　)
50. 여름　　　하　(　　　　)

※ 한자어의 독음을 한글로 쓰시오.
51. 軍部　(　　　　)
52. 靑春　(　　　　)
53. 愛犬　(　　　　)
54. 所聞　(　　　　)
55. 育英　(　　　　)
56. 病死　(　　　　)
57. 空席　(　　　　)
58. 親族　(　　　　)
59. 米飮　(　　　　)
60. 藥草　(　　　　)
61. 魚肉　(　　　　)
62. 當場　(　　　　)
63. 石油　(　　　　)
64. 直後　(　　　　)
65. 洋式　(　　　　)
66. 永遠　(　　　　)
67. 服用　(　　　　)
68. 反感　(　　　　)
69. 便安　(　　　　)
70. 無線　(　　　　)

※ 〈보기〉의 뜻을 참고하여 ○안에 공통으로 들어갈 한자를 쓰시오.

71. (1) ○書　　(2) ○形　　　(　　　　)

〈보기〉	(1) 글이나 그림으로 표현하여 적거나 인쇄하여 묶어 놓은 책. (2) 그림의 모양이나 형태.

72. (1) 物○　　(2) 作○　　　(　　　　)

〈보기〉	(1) 일정하게 쓸 만한 값어치가 있는 물건. (2) 만든 물품.

73. (1) 發○　　(2) 外○　　　(　　　　)

〈보기〉	(1) 미처 찾아내지 못하였거나 아직 알려지지 아니한 것을 찾아냄. (2) 겉으로 드러난 모양.

※ ○안에 공통으로 들어갈 한자를 〈보기〉에서 찾아 쓰시오.

〈보기〉	明　勝　強　放　頭

74. ○白　　分○　　淸○　　(　　　　)
75. ○行　　○大　　○度　　(　　　　)
76. ○目　　○巾　　先○　　(　　　　)

※ 문장에서 잘못 쓴 한자를 바르게 고쳐 쓰시오. (단, 음이 같은 한자로 고칠 것)

77. 연두색 물감을 풀어놓은 듯 산과 들에 身綠이 우거졌다.   (→)

78. 내가 좋아하는 科木은 수학과 음악이다.
(→)

※ [   ]안의 단어를 한자로 쓰시오.

79. 오빠의 진심 어린 조언은 나에게 [용기]와 희망을 주었다.   ( )

80. 우리나라의 국호는 [대한민국]이다.
( )

81. [세계]는 넓고 할 일은 많다. ( )

82. 낙타는 사막에서 중요한 [교통]수단 중 하나이다.   ( )

83. 짧은 방학이 끝나고 [개학]을 맞이하였다.
( )

※ [   ]안의 한자어 독음을 한글로 쓰시오.

84. 나는 [肯定]적으로 생각하고 적극적으로 행동하려고 노력한다.   ( )

85. 우리는 [協同]하여 어려운 문제를 해결했다.
( )

86. [歷史]는 문화 창조와 계승의 과정이라 할 수 있다.   ( )

87. 나는 조금 비싸더라도 [環境] 인증 마크가 붙어 있는 제품을 구입하고 있다.   ( )

88. 그의 발명품은 [創意的]이라는 평가를 받았다.
( )

89. 정동진은 해돋이를 보기 위한 [觀光客]이 끊임없이 찾는 명소이다.   ( )

90. 경쟁에 밀리지 않기 위해서는 신기술 개발에 계속적인 [投資]가 필요하다.   ( )

91. 해외에 [輸出]된 우리나라의 영화나 드라마가 상당한 인기를 끌고 있다.   ( )

92. 수업이 끝나고 담임 선생님과 [面談]을 했다.
( )

93. 우리나라의 [半導體] 산업은 세계 최고 수준이다.   ( )

94. 그는 음악적 재능이 뛰어나서 여러 [樂器]를 자유자재로 연주할 수 있다.   ( )

95. 각종 [闊葉樹]들이 울창한 숲을 이루고 있다.
( )

96. 우리 연구소에서는 [博覽會]에 미래형 자동차를 개발해 출품할 예정이다.   ( )

97. 정권이 바뀌면서 많은 [政治] 제도에 변화가 생겼다.   ( )

98. 과학시간에 [地層]과 화석에 대하여 배웠다.
( )

※ 한자성어의 설명을 읽고 ○안에 들어갈 한자를 쓰시오.

99. 九 ○ 一 ○   (,)

[구우일모] 아홉 마리의 소 가운데 박힌 하나의 털이란 뜻으로, 매우 많은 것 가운데 극히 적은 수를 이르는 말.

100. 門 ○ ○ 市   (,)

[문전성시] 찾아오는 사람이 많아 집 문 앞이 시장을 이루다시피 함을 이르는 말.

- 수고하셨습니다 -

모범답안

〈 1 〉

문항	정답	문항	정답	문항	정답
1	①	11	②	21	④
2	①	12	①	22	④
3	②	13	③	23	②
4	④	14	④	24	①
5	③	15	①	25	③
6	③	16	③	26	①
7	④	17	②	27	③
8	①	18	②	28	①
9	②	19	③	29	④
10	④	20	①	30	④

문항	정답	문항	정답
31	말씀 언	66	직감
32	여름 하	67	천재
33	다닐 행	68	소실
34	뒤 후	69	용품
35	짧을 단	70	약성
36	법 식	71	圖
37	높을 고	72	便
38	고을 군	73	光
39	어제 작	74	歌
40	피 혈	75	交
41	村	76	族
42	番	77	信 → 新
43	朴	78	音 → 飮
44	號	79	병색
45	成	80	도리
46	竹	81	화급
47	始	82	원수
48	習	83	약소
49	各	84	묘사
50	近	85	문맥
51	당시	86	약속
52	중대	87	저금
53	모친	88	공경
54	화두	89	속담
55	부하	90	배경
56	개발	91	정보
57	자신	92	위성
58	화합	93	구분
59	활력	94	수출
60	세계	95	권리
61	서당	96	악기
62	제목	97	통일
63	동창	98	근면
64	운명	99	無 , 太
65	가업	100	淸 , 風

〈 2 〉

문항	정답	문항	정답	문항	정답
1	④	11	②	21	②
2	②	12	③	22	④
3	③	13	④	23	③
4	④	14	②	24	③
5	①	15	③	25	①
6	①	16	④	26	②
7	④	17	①	27	④
8	③	18	④	28	④
9	②	19	③	29	③
10	①	20	①	30	①

문항	정답	문항	정답
31	그림 도	66	동창
32	자리 석	67	발족
33	놓을 방	68	미남
34	처음 시	69	대답
35	걸음 보	70	야식
36	읽을 독	71	身
37	고을 군	72	用
38	꽃부리 영	73	形
39	조개 패	74	首
40	법 식	75	頭
41	神	76	聞
42	米	77	半 → 反
43	昨	78	行 → 幸
44	示	79	羊毛
45	病	80	山村
46	魚	81	外界
47	習	82	子音
48	各	83	書信
49	在	84	인상
50	命	85	사회
51	노선	86	축척
52	거년	87	이상
53	야합	88	분류
54	약수	89	기준
55	공감	90	역할
56	학업	91	공정
57	공명	92	첨단
58	원대	93	연상
59	선친	94	세금
60	개문	95	극미세
61	원리	96	긍정
62	실수	97	태양계
63	용사	98	관광객
64	평등	99	十 , 計
65	혈족	100	春 , 風

〈 3 〉

문항	정답	문항	정답	문항	정답
1	②	11	③	21	④
2	④	12	①	22	③
3	①	13	②	23	①
4	③	14	③	24	②
5	②	15	③	25	①
6	④	16	①	26	③
7	①	17	①	27	①
8	②	18	②	28	②
9	③	19	③	29	④
10	④	20	①	30	④

문항	정답	문항	정답
31	많을 다	66	수목
32	꽃 화	67	내공
33	잃을 실	68	수석
34	각각 각	69	청풍
35	다를 별	70	통운
36	절반 반	71	放
37	병 병	72	刀
38	이길 승	73	速
39	뒤 후	74	用
40	셀 계	75	洋
41	聞	76	線
42	朝	77	己 → 氣
43	友	78	交 → 校
44	圖	79	不幸
45	強	80	出發
46	春	81	表示
47	章	82	番地
48	陽	83	食品
49	血	84	약속
50	村	85	단위
51	과목	86	비교
52	형색	87	권리
53	유전	88	긍정
54	공동	89	결과
55	동화	90	정치
56	추석	91	초과
57	작금	92	구분
58	반성	93	속담
59	음용수	94	계절
60	화음	95	묘사
61	영재	96	가정
62	친서	97	선거
63	화급	98	생태계
64	애인	99	步 , 成
65	제일	100	命 , 服

모범답안

〈 4 〉

문항	정답	문항	정답	문항	정답
1	③	11	④	21	④
2	①	12	②	22	①
3	③	13	③	23	②
4	④	14	③	24	④
5	②	15	①	25	③
6	③	16	②	26	④
7	①	17	④	27	③
8	②	18	③	28	①
9	④	19	①	29	②
10	①	20	②	30	②

문항	정답	문항	정답
31	밭 전	66	작년
32	글 서	67	친교
33	급할 급	68	성공
34	밝을 명	69	운신
35	느낄 감	70	고원
36	필 발	71	陽
37	날쌜 용	72	路
38	아름다울 미	73	才
39	누를 황	74	行
40	글 장	75	風
41	番	76	信
42	京	77	和 → 話
43	晝	78	反 → 半
44	幸	79	詩人
45	習	80	當場
46	表	81	新作
47	在	82	春秋
48	神	83	多讀
49	用	84	위성
50	夏	85	질서
51	두건	86	비율
52	원로	87	초과
53	단도	88	분수
54	약리	89	곡선
55	창문	90	공경
56	공업	91	문맥
57	형체	92	존중
58	백미	93	경제
59	백과	94	가열
60	출석	95	미소
61	실족	96	면담
62	의견	97	역사
63	무병	98	적응
64	의복	99	花 , 朝
65	각별	100	綠 , 色

〈 5 〉

문항	정답	문항	정답	문항	정답
1	④	11	①	21	④
2	③	12	③	22	①
3	④	13	④	23	②
4	②	14	④	24	③
5	①	15	②	25	②
6	③	16	③	26	④
7	②	17	①	27	④
8	④	18	③	28	③
9	①	19	②	29	②
10	②	20	①	30	②

문항	정답	문항	정답
31	뿌리 근	66	친근
32	꽃 화	67	운행
33	괴로울 고	68	도서
34	은은	69	대등
35	열 개	70	광명
36	살 활	71	詩
37	봄 춘	72	美
38	손자 손	73	聞
39	잃을 실	74	黃
40	지경 계	75	速
41	友	76	首
42	作	77	敎 → 交
43	去	78	原 → 遠
44	夜	79	秋夕
45	省	80	當番
46	米	81	昨年
47	愛	82	道路
48	各	83	母音
49	第	84	광고
50	童	85	전통
51	차창	86	설득
52	방화	87	태양계
53	내부	88	토의
54	호명	89	분포
55	주제	90	공연
56	민족	91	오염
57	약자	92	수입
58	표시	93	배경
59	정직	94	초과
60	교복	95	단위
61	강력	96	미소
62	문병	97	사회
63	야심	98	곡선
64	신용	99	無 , 言
65	혈육	100	發 , 中

〈 6 〉

문항	정답	문항	정답	문항	정답
1	②	11	③	21	②
2	①	12	④	22	①
3	③	13	①	23	④
4	④	14	④	24	②
5	②	15	①	25	③
6	②	16	③	26	①
7	③	17	③	27	③
8	①	18	①	28	④
9	④	19	③	29	②
10	②	20	④	30	①

문항	정답	문항	정답
31	순박할 박	66	물리
32	빛 광	67	후방
33	클 태	68	발언
34	무리 등	69	금품
35	약 약	70	촌장
36	많을 다	71	部
37	글/시 시	72	重
38	대/대나무 죽	73	書
39	다닐 행	74	頭
40	으뜸 원	75	禮
41	幸	76	風
42	活	77	身 → 新
43	信	78	右 → 友
44	原	79	心血
45	淸	80	病室
46	永	81	失明
47	苦	82	有名
48	京	83	反面
49	冬	84	적응
50	無	85	우주
51	화친	86	수출
52	백미	87	권리
53	원양	88	비율
54	편안	89	광고
55	주간	90	창의적
56	음식	91	계산
57	직통	92	독립
58	고속	93	여운
59	육체	94	합창
60	당번	95	공연
61	청춘	96	근면
62	교감	97	단정
63	녹색	98	문화재
64	용기	99	人 , 省
65	명제	100	死 , 生

〈모범답안〉

모범답안

\<7\>						\<8\>						\<9\>					
문항	정답	문항	정답	문항	정답	문항	정답	문항	정답	문항	정답	문항	정답	문항	정답	문항	정답
1	①	11	③	21	②	1	④	11	③	21	①	1	③	11	③	21	③
2	①	12	④	22	①	2	③	12	②	22	③	2	①	12	②	22	④
3	③	13	①	23	④	3	②	13	④	23	④	3	③	13	④	23	③
4	④	14	④	24	②	4	①	14	③	24	④	4	②	14	③	24	②
5	②	15	①	25	③	5	④	15	④	25	③	5	④	15	④	25	①
6	②	16	②	26	①	6	③	16	②	26	②	6	①	16	①	26	②
7	③	17	③	27	③	7	①	17	①	27	②	7	④	17	②	27	④
8	①	18	①	28	④	8	②	18	③	28	①	8	②	18	①	28	①
9	④	19	②	29	②	9	④	19	④	29	④	9	③	19	④	29	③
10	②	20	④	30	①	10	①	20	②	30	②	10	①	20	②	30	②
문항	정답	문항	정답	문항	정답	문항	정답	문항	정답	문항	정답	문항	정답	문항	정답	문항	정답
31	가까울 근	66	다행	31	죽을 사	66	신춘	31	볼 견	66	목례						
32	차례 번	67	원대	32	머리 수	67	매번	32	믿을 신	67	민전						
33	손자 손	68	공명	33	소리 음	68	조례	33	대/대나무 죽	68	초야						
34	약할 약	69	도장	34	병 병	69	내복	34	무리 등	69	실의						
35	뜻 의	70	실례	35	대/대나무 죽	70	산천어	35	익힐 습	70	석유						
36	볼 견	71	短	36	빠를 속	71	作	36	꽃부리 영	71	病						
37	지경 계	72	直	37	고기 육	72	開	37	여름 하	72	強						
38	날쌜 용	73	表	38	몸 신	73	高	38	쓸 용	73	明						
39	거느릴 부	74	路	39	멀 원	74	發	39	곧을 직	74	銀						
40	다스릴 리	75	號	40	길 영	75	成	40	법 식	75	和						
41	反	76	童	41	品	76	食	41	夜	76	放						
42	開	77	記 → 氣	42	路	77	行 → 幸	42	遠	77	半 → 反						
43	音	78	羊 → 洋	43	近	78	在 → 才	43	風	78	度 → 道						
44	京	79	病席	44	堂	79	活火山	44	血	79	便安						
45	重	80	速步	45	藥	80	太陽	45	後	80	市場						
46	書	81	血肉	46	英	81	野外	46	樹	81	利子						
47	美	82	新綠	47	等	82	出血	47	表	82	美名						
48	業	83	便利	48	勝	83	禮式場	48	感	83	通話						
49	作	84	사법부	49	孫	84	이상	49	交	84	환경						
50	花	85	적극적	50	步	85	독립	50	秋	85	원인						
51	약품	86	선거	51	무용	86	인상	51	급속	86	쾌적						
52	당장	87	분포	52	반대	87	고유어	52	창문	87	가정						
53	별본	88	시조	53	감전	88	지진	53	당대	88	위성						
54	근성	89	전통	54	우애	89	오염	54	어패	89	배경						
55	동복	90	미소	55	각계	90	단정	55	세계	90	기온						
56	신당	91	관광객	56	신화	91	결과	56	부족	91	정치						
57	풍문	92	설득	57	평화	92	태도	57	거래	92	비교						
58	평야	93	수입	58	자습	93	수출	58	태양	93	속담						
59	패물	94	면담	59	양모	94	계절	59	자성	94	수입						
60	국회	95	묘사	60	녹말	95	원인	60	성사	95	독립						
61	원조	96	공경	61	미색	96	미소	61	양복	96	여가						
62	학습	97	긍정	62	실언	97	전쟁	62	원수	97	고유어						
63	발육	98	장애	63	황토	98	경제	63	작년	98	강수량						
64	활용	99	自 , 成	64	독서	99	年 , 計	64	번호	99	白 , 書						
65	노모	100	者 , 親	65	서경	100	馬 , 風	65	근해	100	孝 , 愛						

모범답안

〈 10 〉

문항	정답	문항	정답	문항	정답
1	②	11	①	21	③
2	②	12	②	22	①
3	④	13	③	23	③
4	③	14	②	24	④
5	①	15	④	25	②
6	③	16	①	26	②
7	④	17	③	27	④
8	①	18	④	28	③
9	②	19	①	29	①
10	④	20	②	30	④

문항	정답	문항	정답
31	이길 승	66	중언
32	높을 고	67	작년
33	길 로	68	체육
34	뿌리 근	69	교신
35	손자 손	70	통용
36	살 활	71	肉
37	은은	72	感
38	차례 번	73	開
39	곧을 직	74	部
40	봄 춘	75	身
41	無	76	業
42	油	77	利→理
43	聞	78	科→果
44	去	79	書堂
45	短	80	反目
46	毛	81	第一
47	田	82	民族
48	共	83	性急
49	習	84	경제
50	窓	85	곡선
51	등호	86	전통
52	고락	87	가열
53	신록	88	인상
54	촌리	89	선택
55	당시	90	강수량
56	야간	91	육지
57	조회	92	첨단
58	친애	93	관광객
59	발표	94	면담
60	행운	95	저금
61	도형	96	규칙
62	오후	97	설득
63	독자	98	참정권
64	화제	99	命 , 在
65	황해	100	死 , 永

〈 11 〉

문항	정답	문항	정답	문항	정답
1	④	11	①	21	④
2	④	12	③	22	①
3	②	13	④	23	③
4	③	14	④	24	②
5	①	15	①	25	④
6	④	16	③	26	③
7	①	17	②	27	④
8	③	18	②	28	②
9	①	19	①	29	①
10	②	20	③	30	①

문항	정답	문항	정답
31	가까울 근	66	근본
32	놓을 방	67	소식
33	걸음 보	68	병약
34	차례 제	69	명약
35	열 개	70	직선
36	다행 행	71	窓
37	귀신 신	72	油
38	뜻 의	73	後
39	있을 재	74	族
40	쌀 미	75	黃
41	席	76	科
42	交	77	半→反
43	無	78	時→詩
44	番	79	高等
45	始	80	春秋
46	去	81	多才
47	死	82	昨年
48	首	83	不便
49	理	84	존중
50	身	85	경험
51	대성	86	공연
52	한복	87	단체
53	서당	88	축척
54	언어	89	인상
55	두건	90	통일
56	미풍	91	독립
57	도표	92	상상
58	죽도	93	확률
59	승리	94	비교
60	신문	95	역할
61	초록	96	기온
62	조야	97	약속
63	전광	98	쾌적
64	청명	99	作 , 心
65	애독	100	見 , 生

〈 12 〉

문항	정답	문항	정답	문항	정답
1	①	11	②	21	③
2	①	12	④	22	②
3	④	13	①	23	④
4	③	14	③	24	①
5	②	15	④	25	②
6	③	16	②	26	②
7	①	17	①	27	④
8	②	18	④	28	①
9	④	19	②	29	③
10	④	20	①	30	①

문항	정답	문항	정답
31	사라질 소	66	발명
32	사랑 애	67	불행
33	개 견	68	육성
34	죽을 사	69	방심
35	길 영	70	손자
36	옷 복	71	利
37	다를 별	72	品
38	소리 음	73	風
39	아름다울 미	74	夜
40	없을 무	75	共
41	理	76	番
42	淸	77	夕→席
43	竹	78	第→題
44	多	79	血色
45	族	80	事業
46	刀	81	活氣
47	才	82	所重
48	開	83	禮式
49	朝	84	해결
50	田	85	확률
51	원유	86	오염
52	의표	87	속담
53	교우	88	각도
54	용력	89	편지
55	신년	90	정보
56	통신	91	지구촌
57	작가	92	가열
58	고수	93	단정
59	장어	94	장애
60	차창	95	상상
61	양약	96	암석
62	상경	97	표준어
63	단신	98	강수량
64	두부	99	光 , 書
65	백미	100	天 , 直

〈모범답안〉

모범답안

〈 13 〉					
문항	정답	문항	정답	문항	정답
1	②	11	②	21	③
2	②	12	①	22	②
3	④	13	③	23	④
4	③	14	①	24	③
5	①	15	②	25	①
6	③	16	③	26	③
7	①	17	④	27	④
8	②	18	②	28	②
9	④	19	①	29	①
10	④	20	④	30	④

문항	정답	문항	정답
31	큰바다 양	66	전부
32	몸 신	67	명호
33	지을 작	68	군읍
34	물건 품	69	패물
35	칼 도	70	실신
36	털 모	71	音
37	기름 유	72	急
38	누를 황	73	血
39	사랑 애	74	直
40	무리 등	75	放
41	頭	76	近
42	意	77	圖 → 度
43	秋	78	小 → 消
44	淸	79	勝利
45	便	80	明示
46	通	81	電話
47	高	82	米飮
48	者	83	反問
49	風	84	공공
50	夏	85	기준
51	대성	86	원인
52	답례	87	구애행동
53	야외	88	침엽수
54	군복	89	규칙
55	본성	90	적응
56	중병	91	종류
57	후기	92	결과
58	한시	93	질서
59	농촌	94	선택
60	당일	95	여가
61	죽림	96	토의
62	작금	97	축척
63	다소	98	우주
64	견습	99	方, 美
65	교과	100	苦, 樂

〈 14 〉					
문항	정답	문항	정답	문항	정답
1	④	11	①	21	①
2	②	12	④	22	④
3	①	13	③	23	③
4	④	14	①	24	②
5	③	15	④	25	①
6	③	16	②	26	②
7	④	17	③	27	③
8	①	18	④	28	①
9	②	19	②	29	④
10	②	20	③	30	②

문항	정답	문항	정답
31	다행 행	66	영원
32	창문 창	67	복용
33	가까울 근	68	반감
34	가을 추	69	편안
35	무거울 중	70	무선
36	들 야	71	圖
37	클 태	72	品
38	아침 조	73	見
39	조개 패	74	明
40	목숨 명	75	强
41	堂	76	頭
42	讀	77	身 → 新
43	苦	78	木 → 目
44	花	79	勇氣
45	多	80	大韓民國
46	京	81	世界
47	美	82	交通
48	在	83	開學
49	陽	84	긍정
50	夏	85	협동
51	군부	86	역사
52	청춘	87	환경
53	애견	88	창의적
54	소문	89	관광객
55	육영	90	투자
56	병사	91	수출
57	공석	92	면담
58	친족	93	반도체
59	미음	94	악기
60	약초	95	활엽수
61	어육	96	박람회
62	당장	97	정치
63	석유	98	지층
64	직후	99	牛, 毛
65	양식	100	前, 成